BEI GRIN MACHT
WISSEN BEZAHL

- Wir veröffentlichen Ihre Hausarbeit,
  Bachelor- und Masterarbeit

- Ihr eigenes eBook und Buch -
  weltweit in allen wichtigen Shops

- Verdienen Sie an jedem Verkauf

Jetzt bei www.GRIN.com hochladen
und kostenlos publizieren

Bibliografische Information der Deutschen Nationalbibliothek:

Die Deutsche Bibliothek verzeichnet diese Publikation in der Deutschen National-
bibliografie; detaillierte bibliografische Daten sind im Internet über http://dnb.d-
nb.de/ abrufbar.

Dieses Werk sowie alle darin enthaltenen einzelnen Beiträge und Abbildungen
sind urheberrechtlich geschützt. Jede Verwertung, die nicht ausdrücklich vom
Urheberrechtsschutz zugelassen ist, bedarf der vorherigen Zustimmung des Verla-
ges. Das gilt insbesondere für Vervielfältigungen, Bearbeitungen, Übersetzungen,
Mikroverfilmungen, Auswertungen durch Datenbanken und für die Einspeicherung
und Verarbeitung in elektronische Systeme. Alle Rechte, auch die des auszugsweisen
Nachdrucks, der fotomechanischen Wiedergabe (einschließlich Mikrokopie) sowie
der Auswertung durch Datenbanken oder ähnliche Einrichtungen, vorbehalten.

Impressum:

Copyright © 2010 GRIN Verlag, Open Publishing GmbH
Druck und Bindung: Books on Demand GmbH, Norderstedt Germany
ISBN: 9783640663934

Dieses Buch bei GRIN:

http://www.grin.com/de/e-book/153952/die-polemik-zwischen-dem-deutschen-
orden-und-polen-litauen-1386-1422

Torsten Gruber

Die Polemik zwischen dem Deutschen Orden und Polen-Litauen (1386-1422)

Stationen – Argumente – Folgen

GRIN Verlag

GRIN - Your knowledge has value

Der GRIN Verlag publiziert seit 1998 wissenschaftliche Arbeiten von Studenten, Hochschullehrern und anderen Akademikern als eBook und gedrucktes Buch. Die Verlagswebsite www.grin.com ist die ideale Plattform zur Veröffentlichung von Hausarbeiten, Abschlussarbeiten, wissenschaftlichen Aufsätzen, Dissertationen und Fachbüchern.

Besuchen Sie uns im Internet:

http://www.grin.com/

http://www.facebook.com/grincom

http://www.twitter.com/grin_com

Die Polemik zwischen dem Deutschen Orden und Polen-Litauen

(1386-1422)

Stationen – Argumente – Folgen

Schriftliche Hausarbeit

zur Erlangung des Grades eines

Master of Education

der Fakultät für Geschichtswissenschaft

an der Ruhr-Universität Bochum

vorgelegt

von

Torsten Gruber

aus Dörpen

Bochum, im April 2010

Inhaltsverzeichnis

1   Einleitung 1

2   **Die Stationen der problembeladenen Nachbarschaft bis zur Schlacht bei Tannenberg (1410)** 6

2.1   Die Reaktion des Deutschen Ordens auf die polnisch-litauische Union 6

2.2   Die frühen diplomatischen Auseinandersetzungen zwischen dem Deutschen Orden und Polen-Litauen 9

2.3   Die Beziehungen des Deutschen Ordens zu Litauen 10

2.4   Die Ausweitung zum Propagandakrieg 13

2.5   Die Schlacht bei Tannenberg 1410 19

3   **Die Entwicklung der Propaganda nach der Schlacht bei Tannenberg** 24

3.1   Die frühe Propaganda des Deutschen Ordens 24

3.2   Die Propaganda Polens 26

3.3   Die Verschärfung der Ordenspropaganda 28

3.4   Die Verhandlungen unter Benedict von Macra 32

4   **Die theologische Auseinandersetzung auf dem Konzil von Konstanz (1414-1418)** . 36

4.1   Die Fortsetzung des Schiedsverfahrens in Konstanz 36

4.2   Die Anklagen vor der Generalkongregation 39

4.3   Die Anklage durch Paulus Wladimiri 43

4.4   Die Verteidigung durch Johannes Falkenberg 45

4.5   Die Endphase des Konzils 49

5   **Die Entwicklungen bis zum Frieden von Melnosee (1422)** 52

6   **Schluss** 57

7   **Chronologie** 62

8   **Abkürzungsverzeichnis** 66

9   **Quellen- und Literaturverzeichnis** 67

10   **Anhang** i

1   Einleitung

Die Geschichte des Deutschen Ordens im Baltikum begann mit dem Hilferuf Konrads von Masowien, der den Orden im Winter 1225/26 um Unterstützung gegen die heidnischen Prussen bat. Der Orden, allen voran sein Hochmeister Hermann von Salza, erkannte sogleich die Gelegenheit, sich in dieser Region dauerhaft festsetzen zu können und schickte sich an, das Missionsgebiet als dauerhaftes Herrschaftsgebiet zu gewinnen. Im Baltikum sollte das gelingen, was zuvor im Burzenland gescheitert war. Die vertragliche Ausgangsposition für das preußische Unternehmen gestaltete sich allerdings schwierig. Denn bereits in der Bulle, die Papst Honorius III. am 15. Dezember 1220 ausgestellt hatte, wurde unmissverständlich klargestellt, dass dem Deutschen Orden jegliche „Lehnsbildung an irgendeine säkulare oder geistliche Gewalt verboten wurde."[1]

Ein Missionsunternehmen machte Hermann von Salza von der Ausstellung umfangreicher Privilegien abhängig. Am Ende der Verhandlungen mit Kaiser Friedrich II. im März 1226 stand die Goldene Bulle von Rimini, die u.a. „das Kulmerland, die Schenkung Konrads von Masowien, und alle künftigen, den Heiden abzugewinnenden Gebiete des Ordens in den kaiserlichen Schutz stellt[e]."[2] Der Kaiser hatte zwar keine Verfügungsgewalt über die dem Orden zugesprochenen Territorien, dennoch wird in der Bulle sein Verständnis als *monarcha mundi* deutlich, ein Herrschaftsverständnis der römischen Kaiser, das über die Grenzen des Reiches hinausging.[3]

Der masowische Herzog war angesichts zunehmender preußischer Einfälle zu Zugeständnissen bereit. Im Jahre 1230 übertrug er dem Deutschen Orden schließlich im Kruschwitzer Vertrag das Kulmerland und alle künftigen Eroberungen in Preußen mit allen zugehörigen Rechten, ohne dass ihm selbst noch Rechte verblieben.[4] Eine derartige Abtretung eigener Rechte auf potentielles Expansionsgebiet hatte der am Ende überspielte Konrad von Masowien sicherlich nicht im Sinn gehabt, als er 1226 erstmals mit dem Deutschen Orden Kontakt aufgenommen hatte.[5] Letztlich war er auf dessen Hilfe im Kampf gegen die Prussen angewiesen.

Die Bulle von Rieti, die Papst Gregor im August 1234 ausstellte, schloss die Gründungsphase des Deutschen Ordens in Preußen ab. Dass sich der Papst vergleichsweise lange Zeit ließ, ist

---

[1] Hellmann, Manfred: Über die Grundlagen und die Entstehung des Ordensstaates in Preußen, in: Nachrichten der Gießener Hochschulgesellschaft 31 (1962), S. 115.
[2] Ebenda, S. 117.
[3] Die Goldene Bulle von Rimini muss im Zusammenhang mit dem „Manifest an die Völker" des östlichen Baltikums gesehen werden, das Kaiser Friedrich II. 1224 erlassen hatte. Vgl. hierzu Boockmann, Hartmut: Der Deutsche Orden. Zwölf Kapitel aus seiner Geschichte, München ⁴1994, S. 85.
[4] Vgl. Sikorski, Dariusz: Neue Erkenntnisse über das Kruschwitzer Privileg. Studien zu Zeit, Umfeld und Kontext seines Entstehens, in: Zeitschrift für Ostmitteleuropa-Forschung 51 (2002), H. 3, S. 317ff.
[5] Vgl. Boockmann, 12 Kapitel, S. 79f.

auf dessen Misstrauen gegenüber dem Vorhaben des Ordens zurückzuführen.[6] Ein päpstlicher Vorbehalt für dessen Zustimmung war die Bedingung, dass Papst Gregor die Eroberungen des Deutschen Ordens unter die Oberherrschaft der Kurie stellte. Er war scheinbar der festen Ansicht, dass „der Orden keinen Staat zu gründen [...], sondern Mission zu treiben hatte."[7]

Nach der Ansiedelung des Deutschen Ordens im Kulmerland waren die folgenden Jahrzehnte von den Missionsunternehmungen der Ordensritter geprägt, an denen in aller Regelmäßigkeit neben deutschen und böhmischen Rittern auch polnische Fürsten und Adlige teilnahmen.[8] Sogar der dem Orden gegenüber recht feindselig eingestellte polnische Chronist Jan Długosz berichtet in seine Annalen äußerst positiv über die Missionsunternehmungen des Deutschen Ordens. Er schildert immer wieder abgestimmte Aktionen der Deutschordensritter und der Polen zunächst gegen die Prussen und später gegen die Litauer, die er als grausame, gewalttätige, heidnische Barbaren darstellt, die brandschatzen, plündern und die guten Christen töten.[9] In diesen Schilderungen wird der Deutsche Orden als wichtiger Partner der Polen dargestellt und dabei ein besonders großer Wert auf die *gemeinsamen* Kriegstaten gelegt.

Die Okkupation Pommerellens im Jahre 1307/08 führte zu einem Bruch der freundschaftlichen oder zumindest neutralen Beziehung zu Polen. Der Deutsche Orden wurde fortan nicht mehr vorrangig als Missionsorden betrachtet, sondern zunehmend als ein Machtfaktor, der auch vor der Eroberung polnischen Gebietes nicht zurückschreckte.[10] Die Erwerbung Pommerellens hat dem Deutschen Orden folglich einen dauerhaften Konflikt mit dem polnischen König eingetragen.

Ein „Missverhältnis zwischen Mission und Unterwerfung"[11] wurde immer offensichtlicher und dem Orden auch in Prozessen bei der Kurie angelastet.[12] Nach einem jahrzehntelangen Konflikt mit dem Deutschen Orden verzichtete der polnische König Kasimir schließlich im Jahre 1343 im Vertrag von Kalisch endgültig auf das umstrittene Pommerellen. Der Hintergrund für diesen Sinneswandel war nicht etwa der Versuch einer Aussöhnung mit dem Deutschen Orden, sondern günstige Expansionsmöglichkeiten im Südosten.[13]

---

[6] Vgl. ebenda, S. 90f.
[7] Hellmann, Grundlagen, S. 121.
[8] Vgl. Biskup, Marian & Labuda, Gerard: Die Geschichte des Deutschen Ordens in Preußen. Wirtschaft - Gesellschaft - Staat - Ideologie (Klio in Polen, 6), Osnabrück 2000, S. 183, 167.
[9] The Annales of Jan Długosz, Annales seu cronicae incliti regni Poloniae, übersetzt ins Englische von Maurice Michael, Chichester 1997, S. 161, 163.
[10] Vgl. ebenda, S. 169.
[11] Boockmann, 12 Kapitel, S. 96.
[12] Vgl. ebenda, S. 142-146.
[13] Vgl. Sonthofen, Wolfgang: Der Deutsche Orden. 800 Jahre Geschichte, Augsburg 1995, S. 108f.

Nach der Vereinigung mit dem livländischen Schwertbrüderorden im Jahre 1237 rückte das heidnische Samaiten, welches keilartig in den Ordensstaat hineinragte und die beiden Ordenszweige voneinander trennte, in den Fokus der Missions- und Eroberungsunternehmungen des Deutschen Ordens. Im Jahre 1283 schrieb der Ordenschronist Peter von Dusburg: „Hier endet der Kampf in Preußen und beginnt der Krieg gegen die Litauer."[14] Die Aneignung Samaitens sollte zunächst durch ein Bündnis mit dem litauischen Herrscher Mindaugas realisiert werden. Der Orden unterstützte diesen in seinem Machtkampf um die Herrschaft in Litauen, der Orden erhielt als Gegenleistung Samaiten zugesichert. Doch aufgrund seiner politischen Schwäche konnte Mindaugas seine Schenkung nicht durchzusetzen und der Orden war nicht in der Lage, sie militärisch zu erzwingen.[15] Jahrelange militärische Auseinandersetzungen um Samaiten waren die Folge. Im Jahre 1326 charakterisierte Peter von Dusburg die Litauer als „ein mächtiges, heftigen Widerstand leistendes und kriegsgewohntes Volk"[16] und hatte damit in der Hinsicht recht, dass die Litauer einen weitaus stärkeren und sehr viel schwieriger zu unterwerfenden Gegner darstellten als die Prussen. Die größte Schwierigkeit im Umgang mit Litauen ist auf die Ursache zurückzuführen, dass es keinen gefestigten litauischen Gesamtstaat gab. Zahlreiche Machtkämpfe und die Selbstbestimmungsbestrebungen einzelner litauischer Herrscher machten Litauen zu einem unberechenbaren Nachbarn. Dies drückte sich sowohl in zeitweiligen Bündnissen[17] als auch in vielen teils heftigen kriegerischen Zwischenfällen sowie Ruhephasen aus.

Die Situation des Deutschen Ordens zu Beginn der 80er Jahre des 14. Jahrhunderts war äußerst frustrierend. Zwar war es gelungen, den Herrschaftsbereich bis nach Estland auszuweiten, an der Grenze zu Litauen war hingegen trotz zahlreicher Feldzüge kein dauerhafter Landerwerb gelungen und an Missionserfolge war gar nicht erst zu denken.

Gegen Ende des Jahres 1385 schlossen sich Polen und Litauen zu einer Union zusammen. Die Union von Krewo begründete die formal-juristische Grundlage für die polnisch-litauische Union. Die Konflikte, die der Deutsche Orden in den vergangenen Jahrzehnten mit den beiden Ländern ausgetragen hatte und noch immer ungelöst waren, belasteten das Verhältnis

---

[14] Peter von Dusburg: Chronik des Preußenlandes, übers. und erläutert von Klaus Scholz und Dieter Wojtecki (= Freiherr vom Stein-Gedächtnisausgabe 25), Darmstadt 1984, III, 221, S. 337.

[15] Vgl. Biskup/Labuda, Die Geschichte des Deutschen Ordens in Preußen, S. 209.

[16] Peter von Dusburg, Chronik, III, 221, S. 337. Die Textstelle lautet im Original wie folgt: „[…] *gentem illam potentem et durissime cervicis exercitatamque in bello* […]" (S. 336). Das vielseitige ,*durissime*' ließe sich aber auch als ,halsstarrig' oder ,erbarmungslos' übersetzen, was Dusburgs Absichten wahrscheinlich näher kommen dürfte.

[17] Die Politik der litauischen Fürsten war nie langfristig ausgerichtet, ein beliebtes Mittel war die Annahme des katholischen oder auch des orthodoxen Glaubens, um Bündnisse zu erreichen. Die Taufversprechen hielten aber nie lang und wurden spätestens bei der Aufkündigung eines Bündnisses für nichtig erklärt (z.B. Mindaugas, Jagiełło oder Witold).

beider Länder von Anfang an. Viel schwerwiegender wog jedoch die Tatsache, dass die Litauer nun offiziell zum christlichen Glauben übertraten, eine Entwicklung, die dem Orden jegliche Legitimation zu entziehen drohte.

Die diplomatische Verstimmung beider Staaten entlud sich nicht etwa in einem Militärschlag, sondern entwickelte sich zu einem scharfen Meinungsstreit, einer Fehde, die von beiden Konfliktparteien zunehmend mit wissenschaftlichen Positionen untermauert wurde. Militärische Auseinandersetzungen wie etwa die Schlacht bei Tannenberg blieben die Ausnahme. Der hier verwendete Begriff ‚Polemik' hat in seinem historischen Wandel eine Vielzahl an Bedeutungen angenommen, in diesem Zusammenhang ist er jedoch als eine ‚gelehrte Fehde' zu verstehen, die maßgeblich in Form einer offensiven Propaganda ausgetragen wurde. Es handelt sich bei dem Konflikt zwischen dem Deutschen Orden und Polen-Litauen also um einen Propagandakrieg, der mit einer solchen Vielzahl abgestimmter propagandistischer Aktionen geführt wurde, wie es sie niemals zuvor in diesem Ausmaß gegeben hatte.

Der Deutsche Orden verteidigte seinen Missionsauftrag mit der Begründung, der zum polnischen König gekrönte litauische Großfürst Jagiełło habe sich nur zum Schein taufen lassen. Dieser forderte im Gegenzug die Versetzung des Deutschen Ordens, da die Heidenmission im Baltikum nun abgeschlossen sei. Der sich anbahnende preußisch-polnische Konflikt zog sich über fast vier Jahrzehnte hin. Erst der Frieden von Melnosee markiert ein signifikantes Abschwächen dieser propagandistischen Auseinandersetzung, denn der 1422 abgeschlossene Friedensvertrag dokumentiert auch die gewachsene Machtfülle der preußischen Stände und eignet sich daher als sinnvoller Endpunkt des preußisch-polnischen Propagandakrieges und als Beginn des innerpreußischen Konflikts.

Die über viele Jahrzehnte andauernde Polemik zwischen dem Deutschen Orden und der polnisch-litauischen Union steht im Zentrum dieser Arbeit. Ihre inhaltliche Strukturierung folgt Schlüsselereignissen wie der Schlacht bei Tannenberg und dem Konzil von Konstanz, die die konfliktreiche Phase zwischen 1386 und 1422 prägten. Als Quellengrundlage dienen vor allem Ausschreiben und Briefe aus den jeweiligen Kanzleien, aber auch Traktate und Chroniken sowie Verträge, die seitens der Konfliktparteien geschlossen wurden. Ziel ist es, die propagandistischen Aktivitäten des Deutschen Ordens sowie Polen-Litauens in ihrer ganzen Komplexität darzustellen und zu analysieren. Es soll untersucht werden, inwiefern sich die jeweiligen Argumentationen gegenseitig beeinflusst haben, welche Motivationen und Zielsetzungen zu welchem Zeitpunkt vorherrschten und inwieweit sich die Polemik zwischen dem Deutschen Orden und Polen-Litauen in den fast 40 Jahren entwickelt, angepasst und verändert hat. Um zu überprüfen, welche Auswirkungen der preußisch-polnische Konflikt mittelfristig

4

auf den Deutschen Orden hatte, soll in einer abschließenden Bewertung der Blick u.a. auf die Zeit nach dem Frieden von Melnosee gerichtet werden.

2 Die Stationen der problembeladenen Nachbarschaft bis zur Schlacht bei Tannenberg (1410)

2.1 Die Reaktion des Deutschen Ordens auf die polnisch-litauische Union

Das Jahr 1386 stellt in der Geschichte des Deutschen Ordens eine aus heutiger Perspektive folgenreiche Zäsur dar. Der polnische Königsthron musste nach dem Tod König Ludwigs I. von Anjou neu besetzt werden. Die zahlreichen Anwärter auf den polnischen Thron mussten für eine erfolgreiche Kandidatur die Gunst des einflussreichen kleinpolnischen Adels erlangen.[18] Dieser votierte schließlich für den litauischen Großfürsten Jagiełło, denn das benachbarte Großfürstentum war der ideale Partner, um die Expansion nach Osten voranzutreiben.[19] Jagiełło versprach im Gegenzug, zusammen mit seinen Untertanen zum Christentum nach westlichem Ritus überzutreten, denn für Litauen bedeutete ein Bündnis mit Polen sowie der Übertritt zum römischen Christentum „eine starke Stütze in politischer, aber auch in militärischer und ideologischer Hinsicht."[20]

In dem 1385 ausgehandelten Vertrag von Krewo, der die Grundlage für die polnisch-litauische Union darstellte, erklärte sich der litauische Großfürst Jagiełło zu der Annahme des christlichen Glaubens bereit und versprach, dem polnischen Adel auf eigene Kosten die Rückgewinnung jener Gebiete, die der polnischen Krone in der Vergangenheit verlorengegangen waren.[21] Mit der Heirat Jadwigas und Władysław II. Jagiełłos, so lautet der christliche Herrschertitel Jagiełłos, wurden Polen und Litauen im März 1386 auch formal unter einer Krone vereint.

Welche Folgen die Union von Krewo für den Deutschen Orden haben sollte, war zum damaligen Zeitpunkt nicht absehbar. Die größte Gefahr ging nicht etwa von der Größe bzw. der militärischen Stärke des neuen Nachbarn aus, denn aus militärischer und vor allem aus finanzieller Sicht war der Orden dem neuen Nachbarn gewachsen und auch politisch war man

---

[18] Die Tochter Ludwigs I. von Anjou Jadwiga (Hedwig) war ursprünglich für den ungarischen Thron vorgesehen. Die Verlobung mit dem österreichischen Herzog Wilhelm zielte auf ein österreichisch-ungarisches Bündnis. Mit dem Erbe des polnischen Throns war der Verlobung mit dem österreichischen Herzog die Grundlage entzogen und somit aus polnischer Sicht hinfällig. Auch der spätere ungarische und deutsche König Sigmund war an der polnischen Krone interessiert, doch wurde dessen Kandidatur nicht wie erhofft vom Deutschen Orden unterstützt, denn dieser favorisierte einen masowischen Herzog. Vgl. hierzu Boockmann, 12 Kapitel, S. 171.

[19] Ebenda, S. 171.

[20] Biskup/Labuda, Die Geschichte des Deutschen Ordens in Preußen, S. 389.

[21] Welche Gebiete Jagiełło genau im Sinn hatte, geht aus dem Vertrag nicht hervor. Wahrscheinlich sind Gebiete im Osten gemeint, denn der kleinpolnische, d.h. der südpolnische Adel war am ehesten an der Eroberung der altrussischen Fürstentümer interessiert. Dennoch erscheint der Deutsche Orden als Expansionsziel auch möglich, waren die breiten Massen in Polen doch der Überzeugung, dass das Königreich Polen ein unumstößliches Anrecht auf Pommerellen und das Kulmerland besäße. Vgl. hierzu Biskup/Labuda, Die Geschichte des Deutschen Ordens in Preußen, S. 389; Boockmann, 12 Kapitel, S. 171f.

weitaus einflussreicher als Polen-Litauen, unterhielt man doch beste Kontakte zu Kaiser, Papst und Fürsten in ganz Europa. Angesichts dieser engen Verbindungen forderten die deutschen Kurfürsten und Herren immer wieder Unterstützung für den Deutschen Orden, denn er galt stets als „*aller ritterschaft fruntlicher und nuczlicher ufenthalt.*"[22]

Die eigentliche Gefahr für den Orden ging von der Tatsache aus, dass die Litauer gemäß dem Vertrag von Krewo zum Christentum übergetreten waren. Die Bedrohung war nicht der Tatsache geschuldet, dass den Polen das gelungen war, was die Kreuzzüge des Ordens in 100 Jahren nicht fertiggebracht hatten, sondern dass ihm durch den offiziellen Übertritt zum Christentum auf einen Schlag „die Legitimation zum Heidenkampf gegen die Litauer und damit die wichtigste Grundlage seiner Herrschaftsbildung im Baltikum"[23] genommen wurde.

Die Hauptaufgabe des Ordens in Preußen war die Heidenmission, das hatte die Kurie in der Bulle von Rieti 1234 unmissverständlich klargestellt. Der Orden sollte Mission treiben, keinen Staat gründen.[24] Dieser war damals zu der Einsicht gelangt, dass er seinen Plan, einen Ordensstaat zu gründen, als Missionsunternehmen tarnen musste, um den päpstlichen Vorgaben gerecht zu werden. Dies tat er und errichtete unter dem Deckmantel der Mission im Laufe der Zeit einen mächtigen Ordensstaat, der aufgrund seiner militärischen und finanziellen Macht sowie im Vertrauen auf die räumlichen Distanz zu Kaiser und Papst, sogar christliche Gebiete annektierte und somit immer offensichtlicher gegen seinen ursprünglichen Missionsauftrag handelte.

Die Heidenkriege des Deutschen Ordens, die im 14. Jahrhundert zu einem ritterlichen Spektakel ersten Ranges avanciert waren[25], sorgten nicht nur für großes Ansehen in ganz Europa, sondern verhalfen ihm auch immer wieder zu der Argumentation, dass er im Baltikum gebraucht würde, was ihn auch gegen viele kritische Stimmen vor härteren Sanktionen bewahrte. Die Existenz von Heiden im Baltikum sicherte dem Orden also entgegen vieler kritischer Stimmen auch seine eigene Existenz. Diese Argumentationsstrategie entbehrte nun jeglicher Realität: Der Missionsauftrag, die Basis für die Ordensherrschaft im Baltikum, wurde dem Orden mit dem Übertritt der Litauer zum Christentum genommen.

Dass diese neue Situation folgenschwere Auswirkungen auf die Existenzberechtigung des Deutschen Ordens haben musste, ist an der anfänglichen Verwirrung Nikolaus' von Schip-

---

[22] Israel, Ottokar: Das Verhältnis der Hochmeister des Deutschen Ordens zum Reich im 15. Jahrhundert (= Johann-Gottfried-Herder-Institut Marburg/L. – Wissenschaftliche Beiträge zur Geschichte und Landeskunde Ost-Mitteleuropas), Marburg 1952, S. 3ff.
[23] Sarnowsky, Jürgen: Der Deutsche Orden, München 2007, S. 90.
[24] Hellmann, Grundlagen, S. 121.
[25] Vgl. Prietzel, Malte, Krieg im Mittelalter, Darmstadt 2006, S. 99-104.

penbeil zu erkennen, der an der römischen Kurie als Generalprokurator die Interessen des Ordens vertrat. Er erkannte, dass der Orden seine Ansprüche auf Litauen nun neu begründen musste. In der anfänglichen Verwirrung griff Schippenbeil zunächst auf die Urkunden Mindaugas' zurück und ließ diese für den Transport nach Rom am 27. August 1386 und 26. Mai 1388 transsumieren.[26]

Die erste öffentliche Reaktion des Deutschen Ordens ist von seinem Hochmeister Konrad Zöllner von Rotenstein zu beobachten. Dieser wurde von Jagiełło ganz bewusst als Taufpate auserwählt, denn neben der symbolischen Bedeutung dieses Vorgangs hätte der Hochmeister mit seiner Funktion als Taufpate des heidnischen Großfürsten den Übertritt der Litauer zum Christentum anerkannt und sich damit seiner Legitimation selbst beraubt. Der Hochmeister war dieser Einladung schließlich nicht gefolgt, sondern führte stattdessen einen Kriegszug ins litauische Grenzgebiet. Die Begründung für das Fernbleiben lautete, und diese lässt die Strategie des Ordens im Umgang mit dem neuen Nachbarn sehr gut erkennen, dass „die Taufe nur eine Täuschung, und Litauen weiterhin ein heidnisches Land sei, und er selbst den Heidenkrieg gegen die Litauer auch künftig führen müsse."[27]

Die Reaktion des Deutschen Ordens auf die Taufe Jagiełłos zielte demnach darauf ab, dass sich nichts am Status quo geändert habe, die Taufe nur eine Täuschung sei und die Litauer weiterhin Heiden seien. Mit dieser Argumentationslinie blieb die Missionsverpflichtung des Ordens im Baltikum bestehen und an der Grundlage des Ordensstaates, dem Heidenkampf, hatte sich nichts geändert. Die Strategie, die der Orden verfolgte, ist durchaus verständlich. Er wollte seine Interessen gewahrt wissen und seinen mühsam errichteten Ordensstaat nicht an einen konvertierten Heidenfürsten verlieren. Der Hochmeister spielte auf Zeit und versuchte fortan, die junge, noch wenig gefestigte Union wieder zu entzweien.

Die Argumentation des Hochmeisters entbehrt keineswegs jeglicher Grundlage. Mit der Taufe Jagiełłos war gewiss nicht jeder Litauer zum Christentum konvertiert, aber dies war nach mittelalterlichem Verständnis auch gar nicht nötig.[28] Die Taufe des Fürsten und der Adligen galt als hinreichender Beweis dafür, dass nun Kirchen gebaut und sich alle Untertanen taufen lassen würden. Das Taufversprechen Jagiełłos musste dennoch für den Deutschen Orden nicht gleich das Ende des Heidenkampfes im Baltikum bedeuten. Dieser hatte schon allerlei Erfahrungen mit Taufversprechen litauischer Herrscher gemacht, die Taufe Jagiełłos schien zu die-

---

[26] Vgl. Die Berichte der Generalprokuratoren des Deutschen Ordens an der Kurie, Bd. 1: Die Geschichte der Generalprokuratoren von den Anfängen bis 1403, bearb. v. Kurt Forstreuter (= Veröffentlichungen der niedersächsischen Archivverwaltung, 12), Göttingen 1961, S. 136.
[27] Boockmann, Hartmut: Ostpreußen und Westpreußen (= Deutsche Geschichte im Osten Europas), Berlin 1992, S. 177.
[28] Ebenda, S. 177.

sem Zeitpunkt für den Deutschen Orden also nicht das Ende seiner Existenzberechtigung zu sein. Dies mussten erst die folgenden Jahre zeigen. Zunächst einmal schien es die klügste Strategie zu sein, die Taufe nicht anzuerkennen und alles Erdenkliche zu tun, um die Union zu spalten. Diese Strategie wurde von einer antipolnischen Propaganda in ganz Europa begleitet.

2.2   Die frühen diplomatischen Auseinandersetzungen zwischen dem Deutschen Orden und Polen-Litauen

Die Propagandaaktivitäten des Deutschen Ordens hatten bereits im Jahre 1385 begonnen, als die Verhandlungen in Krewo abgehalten wurden. Hochmeister Konrad Zöllner von Rotenstein unternahm eine Vielzahl an Versuchen, die polnisch-litauische Union und insbesondere die Vereinbarungen von Krewo unglaubwürdig zu machen. Diese Bemühungen sollten nahezu über ein halbes Jahrhundert aufrechterhalten werden. Dabei sparte der Orden weder an finanziellen noch an militärischen Mitteln, er machte sich alle Zwistigkeiten um die Rechtskonzeption der polnisch-litauischen Union zunutzte.[29]

Der Umgang des Ordens mit dem rechtmäßig getauften und legitimen König Polens, Władysław, wird in einem Klageartikel vom April 1388 deutlich. Dort beklagte der polnische König, dass er auch nach seiner Taufe vom Deutschen Orden unwürdig behandelt worden sei und dass die Raubzüge seitens des Ordens nicht eingestellt worden seien. Besonders verärgert habe ihn, dass der Hochmeister ihn bei Papst, Kaiser und Fürsten verleumdet habe, indem der Hochmeister in seinen Briefen verbreitet habe, dass er den Glauben Christi betrüglich empfangen und die höchsten Adligen des Reiches Polen nach Litauen in ewige Gefangenschaft geschickt sowie Harnische, Pferde und alle möglichen Waffen dorthin gesandt habe, um, sobald das ganze Land davon voll wäre, vom Glauben wieder abzufallen. Des Weiteren beklagte er, dass er vom Orden nicht standesgemäß angesprochen worden sei und nicht mit seinem rechten Namen Władysław, sondern zu seiner Beschämung ‚hoffärtig' mit ‚der Jagal' bezeichnet worden sei.[30]

Auch der einstige Verlobte Jadwigas, Herzog Wilhelm von Österreich, verbreitete antipolnische Propaganda. Er behauptete, dass Władysław ein Ehebrecher sei und verklagte ihn bei der römischen Kurie, jedoch ohne Erfolg. Der Papst hatte gar kein Interesse daran, die Taufe des Litauerfürsten für einen Betrug und die Christianisierung Litauens für eine Täuschung zu hal-

---

[29] Biskup/Labuda, Die Geschichte des Deutschen Ordens in Preußen, S. 391.
[30] Vgl. Bühler, Johannes: Ordensritter und Kirchenfürsten. Nach zeitgenössischen Quellen (= Deutsche Vergangenheit, Bd. 7), Leipzig 1927, S. 139f.

ten.[31] Der Papst erkannte die Ehe Władysławs mit Jadwiga als legitim an und bezeichnete den neuen polnischen König sogar ausdrücklich als Vorkämpfer gegen das Heidentum.[32] Die Ordenspropaganda der ersten Jahre war insofern erfolgreich, als dass es Polen-Litauen zunächst nicht gelang, in der christlichen Welt die politische Rolle einer militärischen Macht einzunehmen, die seiner Vormachtstellung in Osteuropa entsprach. Polen musste sich lange Zeit „erheblichen Vorwürfen zur Wehr setzen"[33], da es im übrigen Europa nur sehr schwer nachzuvollziehen war, wie ein ehemaliger Heide so plötzlich auf den Thron eines christlichen Reiches gelangen konnte und noch dazu eine Königin zur Frau nahm, die aus einem ehrwürdigen Adelsgeschlecht stammte. „Dieses Ergebnis musste mit Mißtrauen zur Kenntnis genommen werden, wozu auch die intensive Propaganda des Deutschen Ordens beitrug."[34] Die polnische Diplomatie war gezwungen, der antipolnischen Propaganda des Deutschen Ordens etwas entgegenzusetzen. Also kämpfte sie im Westen um die Anerkennung der polnisch-litauischen Union als ein vollberechtigtes Mitglied der christlich-abendländischen Gemeinschaft. Der polnischen Propaganda gelang es, im Westen Schritt für Schritt die Vorurteile gegenüber der Union abzubauen hin zu einer immer öfter vertretenen Meinung, dass Polen-Litauen als *Antemurale Christianitatis* angesehen wurde. „Das war [das] Ergebnis der Geschicklichkeit der polnischen Propaganda und zugleich der Aktivität der Diplomatie."[35]

2.3 Die Beziehungen des Deutschen Ordens zu Litauen

Die polnisch-litauische Union mag territorial eine Großmacht gewesen sein und auch politisch war sie eine Macht ersten Ranges, doch ihre inneren Strukturen zeichnen das Bild eines sehr fragilen Staatswesens, das äußerst anfällig gegenüber Streitigkeiten in der Herrscherfamilie war. Diese ließen auch nicht lange auf sich warten. Der polnische Adel strebte danach,

---

[31] Vgl. Boockmann, 12 Kapitel, S. 172f.
[32] Vgl. ebenda, S. 173f. Tatsächlich unternahm der polnische König große Anstrengungen, den katholischen Glauben in Litauen durchzusetzen. In einem von Władysław am 22. Februar 1387 in Wilna erlassenen Dekret betonte er ausdrücklich den „königlichen, durch ein feierliches Gelübde untermauerten und von allen litauischen Fürsten und Rittern gutgeheißenen Willen, alle Menschen mit litauischer Volkszugehörigkeit zum katholischen Glauben und *zum Gehorsam gegen die heilige römischen Kirche* zu bekehren. Der unbedingte Wille des Königs an diesem Vorhaben ist daran zu erkennen, dass er die Litauer nicht nur *heranziehen* (inducere, attrahere, convocare), sondern alle, welcher Sekte sie auch angehörten, zur Taufe *zwingen* (compellere) wollte. Vgl. hierzu Drabina, Jan: Die Religionspolitik von König Władysław Jagiełło im polnisch-litauischen Reich in den Jahren 1385-1434, in: Zeitschrift für Ostforschung 43 (1994), S. 161-173, hier S. 168.
[33] Nowak, Zenon Hubert: Kaiser Siegmund und die polnische Monarchie (1387-1437), in: Zeitschrift für historische Forschung 15 (1988), S. 425.
[34] Ebenda, S. 425.
[35] Ebenda, S. 425.

Litauen in den polnischen Staat zu integrieren und jegliche staatliche Eigenständigkeit Litauens zu beseitigen. Bei dieser Streitfrage ging es auch um die Herrschaftskompetenzen des litauischen Fürsten Witold, der sich vehement gegen die polnischen Pläne stemmte.[36] In dieser Phase gelang es dem Deutschen Orden mehrfach, politische Gegensätze zwischen dem polnischen König Władysław und seinem Vetter Witold, der als litauischer Fürst eine gegenüber den Polen eigenständige Politik zu führen versuchte, durch eine Zusammenarbeit mit diesem zu verstärken.[37]

Zum Eklat kam es, als König Władysław, nachdem er seinem Vetter zugesichert hatte, dieser könne als Großfürst über ganz Litauen herrschen, begann, dessen Verwandte auszuschalten. Der Hintergrund dieser Aktionen war, dass Władysław insgeheim seinem Bruder Skirgal die Herrschaft über die väterlichen Erblande zugesagt hatte. Witold fühlte sich in Litauen nicht mehr sicher und fand im Jahr 1390 Zuflucht beim Deutschen Orden. Dieser nahm den litauischen Fürsten, mit dem man bereits als wankelmütigem Bündnispartner Erfahrungen gemacht hatte, herzlich auf, denn er wollte die Gelegenheit nutzen, die Differenzen zwischen den litauisch-polnischen Herrschern weiter zu verstärken.[38]

Noch im selben Jahr wurde ein Bündnis zwischen Witold und dem Orden geschlossen und das umkämpfte Samaiten dem Orden zugesprochen. Witold nahm sogar an Kriegszügen bis nach Wilna teil. Im Jahr 1392 änderte sich die Konstellation ein weiteres mal. König Władysław war nun bereit[39], sich mit Witold auszusöhnen und diesem als Großfürsten die Regentschaft über ganz Litauen zu übertragen. Dem Bündnis wurde damit seine Grundlage entzogen. Die Phase der Zusammenarbeit mit Witold war dennoch ein Erfolg: Dem Orden war es gelungen, die polnisch-litauische Union, wenn auch nur für wenige Jahre, wirksam zu schwächen.

Die Kontakte zu Witold brachen jedoch nicht ab. Die Absicht, die polnisch-litauische Union zu spalten, wurde weiterhin verfolgt, nun aber in der Weise, dass man Witold bei seinem Vorhaben unterstützte, Litauen von Polen unabhängig zu machen.[40] Ebenso bot sich auf Initiative des ungarischen Königs Sigmund die Perspektive, Polen aufzuteilen. In diesen Plan waren Sigmunds Brüder Wenzel und Johann, sein Vetter Jobst sowie der Deutsche Orden einbe-

[36] Vgl. Biskup/Labuda, Die Geschichte des Deutschen Ordens in Preußen, S. 390.
[37] Vgl. Sach, Maike: Hochmeister und Großfürst. Die Beziehungen zwischen dem Deutschen Orden in Preußen und dem Moskauer Staat um die Wende zur Neuzeit (= Quellen und Studien zur Geschichte des östlichen Europa 62), Stuttgart 2002, S. 39.
[38] Vgl. Zimmerling, Dieter: Der Deutsche Ritterorden, Düsseldorf 1988, S. 234f.
[39] Die Ursachen für den plötzlichen Sinneswandel liegen darin, dass sich Skirgal bei seinem Bruder, dem polnischen König, wegen seiner Trunksucht und anderer Ausschweifen so unbeliebt gemacht hat, dass dieser ihn an den Rand des litauischen Reiches nach Kiew verbannt hat. Vgl. hierzu Zimmerling, Ritterorden, S. 237. Mit der Aussöhnung wollte Władysław die Streitigkeiten beenden, die Union stärken und den Deutschen Orden schwächen.
[40] Vgl. Biskup/Labuda, Die Geschichte des Deutschen Ordens in Preußen, S. 391.

zogen, doch rasch stellte sich der Plan als unrealisierbar heraus, da Sigmund die nötigen Kräfte fehlten.[41]

Die Unterstützung der Politik Witolds führt im Jahre 1398 zum Vertrag von Sallinwerder. Die für den Orden wesentlichste Vertragsbestimmung war der Gewinn Samaitens, das dem Orden „für alle Zeit"[42] zufallen sollte. Ebenso verpflichtete sich der Fürst „zur Ausbreitung des Christentums" und zur „Einhaltung des Friedens". Die Vertragsbestimmungen waren für den Deutschen Orden ein großer Erfolg. Maßgeblich für das Zustandekommen des Vertrages war die Abwesenheit des polnischen Königs, der in diesem gar nicht zu Wort kam. Die polnisch-litauische Union war zu diesem Zeitpunkt „faktisch [...] nicht existent."[43]

Der Hintergrund für das Zustandekommen des Vertrags ist dem Umstand zu verdanken, dass Witold für Ruhe an der Grenze zum Deutschen Orden sorgen wollte, um die Schwäche des Tatarenreiches dahingehend zu nutzen, seine litauischen Erblande Richtung Süden bzw. Südosten auszudehnen. Die Umstände erinnern an die Ereignisse des Jahres 1343, als Polen im Vertrag von Kalisch Pommerellen abgetreten hatte, um, wie nun Witold, den Rücken für Expansionsbestrebungen frei zu haben.[44] Daher muss die Übergabe Samaitens an den Deutschen Orden durch Witold als taktisches Manöver „im Zusammenhang mit der vorübergehenden Schwäche der polnisch-litauischen Union"[45] verstanden werden.

Dem Orden war durchaus bewusst, was er von Witold sowie dessen Verträgen und Versprechungen halten konnte. Er hatte bereits vielfach Erfahrungen mit dem litauischen Großfürsten gemacht und kannte daher den begabten Staatsmann und dessen spontane politische Handlungen ausgesprochen gut. In diesen Eigenschaften unterschied er sich von dem gesetzten und gemäßigten polnischen König, dessen „charakteristische Eigenschaften in politischen Auseinandersetzungen [...] eine spezifische Art von Schlauheit und Langsamkeit"[46] waren, die treffend als ‚Langwierigkeit' gedeutet wurde.[47]

Der Feldzug Witolds gegen die Tataren im Jahre 1399 endete in einem Fiasko. An den Kämpfen war auch ein Ordenskontingent beteiligt, welches Seite an Seite mit Schismatikern und Heiden kämpfte. Dass dies nach christlicher Terminologie strengstens verboten war, kümmer-

---

[41] Vgl. Nowak, Kaiser Sigmund und die polnische Monarchie, S. 428.

[42] Die Staatsverträge des Deutschen Ordens in Preußen im 15. Jahrhundert, Erster Band, 1398-1437, hrsg. im Auftrage der historischen Kommission für ost- und westpreußische Landesforschung v. Erich Weise, Marburg [2]1970, Nr. 2, S. 9.

[43] Boockmann, Westpreußen, S. 181.

[44] Vgl. Boockmann, 12 Kapitel, S. 175.

[45] Łowmiański, Henryk: Anfänge und politische Rolle der Ritterorden an der Ostsee im 13. und 14. Jahrhundert, in: Udo Arnold und Marian Biskup (Hrsg.): Der Deutschordensstaat Preußen in der polnischen Geschichtsschreibung der Gegenwart, Marburg 1982, S. 81.

[46] Nowak, Sigismund und die polnische Monarchie, S. 426.

[47] Paszkiewicz, Henryk: Dzieje Polski (Geschichte Polens), Teil 2: Czasy Jagiellonow (Die Jagiellonenzeit), Warschau 1925, S. 73.

te den Orden, der seinen Gegnern selbst stets vorwarf, gemeinsame Sache mit den Heiden zu machen, scheinbar nicht. Diese Haltung zeigt ganz deutlich, dass er sich selbst über Gebote hinwegsetzte, sofern dies für seine Ziele zweckmäßig erschien. Sogar die römische Kurie legitimierte die Kampagne des christlich-schismatisch-heidnischen Heeres als einen Kreuzzug.[48] Ganz so eng hat man es hier an der Grenzzone dreier Glaubensrichtungen mit der kirchenrechtlichen Theorie nie genommen. Hier waren immer wieder die verschiedensten Bündnisse in Konflikte verwickelt, sodass ein regelrechter Machiavellismus aufblühte, der von der Kurie geduldet wurde.[49]

Witolds Expansionsbestrebungen waren vorerst gescheitert und ihm blieb keine andere Wahl, als sich mit den Polen zu arrangieren, sodass der Fortbestand der polnisch-litauischen Union gesichert war.[50] Die neue Situation hatte neben dem Verlust eines Kontingentes noch weitere Folgen für den Orden: Das kürzlich ‚für ewige Zeit' erhaltene Samaiten konnte ohne die Unterstützung Witolds nicht gehalten werden, sodass die umkämpfte Landbrücke wieder an Litauen fiel, ohne dass der Orden dagegen etwas unternehmen konnte.

2.4 Die Ausweitung zum Propagandakrieg

Im Jahre 1395 sah sich der Römische König Wenzel mit kriegerischen Auseinandersetzungen in seinem Königreich Böhmen konfrontiert, sodass er am 25. Juni ein Bündnisvertrag mit dem polnischen König ratifizierte.[51] Der Vertrag hatte zur Folge, dass der Römische König auf Polen zugehen musste und dem Deutschen Orden den Heidenkampf ausdrücklich untersagte. Dieser regierte auf das Verbot mit einem Brief an den böhmischen König Wenzel, in dem er darauf hinwies, dass der Heidenkampf ohne den Deutschen Orden nicht zu entscheiden sei.[52]

---

[48] Vgl. Boockmann, 12 Kapitel, S. 175.

[49] Vgl. ebenda, S. 154.

[50] Im Januar 1401 ernannte der polnische König seinen Vetter Witold zu seinem Stellvertreter in Litauen auf Lebenszeit und übertrug ihm ebenso für dieselbe Dauer die oberste Herrschaft über Litauen. Witold verpflichtete sich daraufhin zur Treue gegenüber König, Krone, Königreich und den Magnaten Polens. Vgl. hierzu Hellmann, Manfred, Das Großfürstentum Litauen bis 1569, in: Handbuch der Geschichte Russlands, Bd. 1, Stuttgart 1989, S. 757f.

[51] Vgl. Scriptores rerum Prussicarum (SRP). Die Geschichtsquellen der preußischen Vorzeit bis zum Untergange der Ordensherrschaft, hrsg. v. Theodor Hirsch, Max Toeppen, Ernst Strehlke, Bd. 3, Leipzig 1866, ND Frankfurt a. M. 1965, S. 196f.

[52] Vgl. PrUB, JS 395 (5. August 1395, Marienburg), abgedruckt in: Codex Diplomaticus Prussicus (CDP). Urkundensammlung zur älteren Geschichte Preußens, hrsg. v. J. Voigt, Bd. 6, 1861, ND Osnabrück 1965, S. 10-11, hier S. 11. In der betreffenden Stelle heißt es:
„*Ouch allirgned[igster] herre, die sache, die ir myr anmutende seit von mynes ordins wegen, ich alleyne das nicht macht habe czu thun, want sie ist eyne grose sache und die groste, worumb myn ordin gestiftet is czu halden den krig wedir die ungeloubigen. Und dorumb myn ordin von den gnaden gotis vorderunge hat gehat bis an*

13

In dieser Phase nahm die Schärfe der jeweiligen Vorwürfe deutlich zu und der Orden sah sich zunehmend in der Defensive. Nachdem der Römische König diesem den Heidenkampf untersagt hatte, begann nun auch der gute Ruf des Deutschen Ordens im Reich unter den polnischen Schilderungen zu leiden. Denn der polnische König ließ an allen Fürstenhöfen Europas die Nachricht verbreiten, „daß die Litauer im Durchschnitt schon recht brauchbare Christen seien und daß Witold streng auf christlichen Gottesdienst halte. Wenn der Orden über sie herfalle, dann bekämpfe er in ihnen nicht mehr die Heiden, sondern richtige Christen."[53]

In Argumentationsnöte kam der Orden nicht, dennoch musste er etwas unternehmen, um seine Taten zu rechtfertigen und die Taten Polen-Litauens zu verteufeln. Daher sandte der Deutsche Orden in regelmäßiger Folge Gesandte ins Reich und weiter nach Westeuropa. Sie nahmen lange propagandistische Ausarbeitungen mit und sollten auch mündlich die Position des Ordens darlegen.[54] In einer Instruktion einer Gesandtschaft zum Römischen König Wenzel aus dem Jahre 1396 erbat der Orden Schutz gegen die unrechten Vorwürfe des polnischen Königs.[55] Dass der Deutsche Orden weniger den Schutz als die Schwächung des polnisch-böhmischen Bündnisses anstrebte, ist offensichtlich. Beschützen oder gar verteidigen konnte sich der Orden sehr wohl allein, denn militärisch stand er auf dem Höhepunkt seiner Macht.

Im Jahr darauf beklagte der Deutsche Orden in einer Instruktion für die Gesandtschaft an die deutschen Kurfürsten das Verhalten des polnischen Königs und des litauischen Großfürsten gegen den Orden und wies auf deren Unterstützung der Ungläubigen und der Gegner des Ordens hin.[56] In einer weiteren Instruktion für seine Gesandten zum Kurfürstentag in Frankfurt an 25. Juli 1397 legte der Hochmeister des Deutschen Ordens Konrad von Jungingen nach. Die Gesandtschaft sollte den Kurfürsten die Lage des Ordens darstellen und dabei auf die beständige Stärkung der Litauer durch den König von Polen (mit Waffen, Harnisch, Büchsen), aber auch auf Witolds Bündnis mit den Tataren hinweisen. Sie sollte aber keineswegs den Römischen König angreifen, den Orden aber durchaus gegen Vorwürfe verteidigen.[57]

Die engen Beziehungen, die der Deutsche Orden zur römischen Kurie unterhielt, kommen besonders durch die Generalprokuratoren zum Ausdruck. Stets war der Hochmeister über die Vorgänge in Rom informiert und machte sich den Einfluss der Prokuratoren zunutze. Da dies

---

dese czeit und noch hat von der heiligen Romischen kirchen, von dem heyligen reyche und von allen cristenlichen konigen, fursten und herren, die dy sache also wol angeet als mynen orden, besundern der herren, der land an die ungeloubigen stossen, und myn orden mochte in semelicher wise groslichen beschuldiget werden."
[53] Zimmerling, Ritterorden, S. 240.
[54] Vgl. Boockmann, 12 Kapitel, S. 176.
[55] Vgl. PrUB, JS 380 (29. Oktober 1396, Marienburg), abgedruckt in: CDP 6, S. 27-30, hier S. 30.
[56] PrUB, JS-JL 11 (26. April 1397, Stuhm), abgedruckt in: Codex Diplomaticus Prussicus (CDP). Urkundensammlung zur älteren Geschichte Preußens aus dem königl. Geheimen Archiv zu Königsberg nebst Regesten, Bd. 5, hrsg. v. Johannes Voigt, Königsberg 1857, ND Osnabrück 1965, S. 125-130.
[57] PrUB, JS 365 (8. Juli 1397, Meselanz), abgedruckt in: CDP 6, S. 46-47, hier S. 47.

die polnische Seite in den immer heftigeren diplomatischen Auseinandersetzungen benachteiligte, sandte der polnische König selbst einen Mann nach Rom, der die polnischen Angelegenheiten dort vertreten sollte. Dies berichtete der Generalprokurator Johann vom Felde dem Hochmeister des Ordens in einem Schreiben vom 25. März 1402 und schilderte in diesem die Arbeit des polnischen ‚Doctors'. Er schrieb, „*das der konig von Polen eyn boten yn den hof gesand hot, der eyn doctor ys, mit seynen brifen an unsen hern, den bobest, und bet und begert von unsem hern, dem bobiste, das he Wytold bestetige an dem cristen geloben, und schreybt, das Wytold sey eyn guter cristen, und meynet an deme, das man ym nu schold gebit von des vorretnys wegen. Das will he sich vorentwerten, das he des unscholdig sey, und bet unsen hern den bobest, das he uwirn genoden und dem orden gebite, das yr Witold und syne land nicht enthert und dy yene, dy do kristen seyn, das dy icht wedir abetronnyg werden von dem geloben.*"[58]

Es wird sehr deutlich, dass Polen seinen diplomatischen Einfluss an der Kurie verstärken wollte, um den Propagandaaktivitäten besser begegnen zu können. Erste Ergebnisse dieser engeren Kontakte zur Kurie sollten im Jahr darauf folgen.

Einen vorläufigen Höhepunkt der propagandistischen Auseinandersetzung zwischen dem Deutschen Orden und Polen-Litauen markiert das Jahr 1403. Für dieses Jahr sind eine Vielzahl von Briefen belegt, in denen der Hochmeister Konrad von Jungingen zu den Beschuldigungen des polnischen Königs Stellung bezog. Zunächst instruierte der Hochmeister den Obersten Marschall Werner von Tettingen, wie dieser den Orden gegen die Beschuldigungen und Anklagen des Königs von Polen bei den Söldnern rechtfertigen sollte.[59] Am selben Tag schrieb der Hochmeister an Herzog Ruprecht von Liegnitz und beteuerte die Unrechtmäßigkeit der Klagen des polnischen Königs gegen den Orden und legte ausführlich das schlechte Verhalten des Königs dar. Konrad von Jungingen beendete den Brief mit der Bitte, die Rechtfertigung des Ordens weiter zu verbreiten und anderen Aussagen keinen Glauben zu schenken.[60]

Diese Briefe stehen beispielhaft für eine Vielzahl an Schreiben jener Zeit, die das Thema ‚Beistand im Kriegsfall' behandelten. Sie müssen im Zusammenhang mit der Anwerbung potentieller Söldner gesehen werden, die von beiden Seiten verstärkt betrieben wurde. Denn nicht nur adlige Ritter, sondern auch die Söldner mussten darauf achten, nicht im Kampf ihre Ehre zu verlieren, und legten daher großen Wert darauf, dass die Sache, für die sie kämpften, als gerecht angesehen werden konnte. Der Deutsche Orden musste daher seine Argumentation

---

[58] Berichte der Generalprokuratoren, Bd. 1, Nr. 259, S. 367f.
[59] PrUB, JS 270 (11. Januar 1403, Marienburg), abgedruckt in: CDP 6, S. 149-50.
[60] PrUB, JS-FS 145 (11. Januar 1403, Marienburg), abgedruckt in: CDP 5, S. 179-181.

publizistisch auch in ihrem Kreise vertreten, und das umso mehr, weil in den Regionen, aus denen die Söldner hauptsächlich kamen, Schlesien und Böhmen, auch der polnische König Soldritter anwarb. Nicht zuletzt diese Konkurrenz war die Ursache für die propagandistische Aktivität des Deutschen Ordens wie auch Polens.[61]

Im April 1403 wandte sich der Hochmeister schriftlich an König Karl VI. von Frankreich und an zahlreiche Fürsten im Reich. Wieder rechtfertigte er sich gegen die Vorwürfe des polnischen Königs, die dieser gegen den Deutschen Orden erhob.[62] Einen Monat später setzte er sogar einen offenen Brief an alle geistlichen und weltlichen Herrschaftsträger auf, worin er sich gegen die Anklagen des Königs von Polen bezüglich der Angriffe des Ordens gegen Litauen zur Wehr setzte.[63]

Die Polen ließen nicht lange auf eine Antwort warten. Da sich der Deutsche Orden beim Römischen König und den deutschen Kurfürsten über Polen beschwert bzw. den polnischen König verleumdet hatte, ergriffen Władysław und Witold die Möglichkeit, sich beim Papst über den Deutschen Orden zu beschweren. Dieser diplomatische Zug stand auch in einem engen Zusammenhang mit den seit Anfang Juli des Jahres 1403 geführten Verhandlungen mit dem Deutschen Orden zwecks einer Lösung des lang andauernden Konflikts. Also schickten Władysław und Witold Boten nach Rom zu Papst Bonifatius IX., die diesem die polnische Sicht der Ereignisse darlegten, mit der Bitte, den Orden zu maßregeln. Die Verhandlungen mit dem Deutschen Orden wurden vorzeitig beendet, Witold gedachte, erst den Ausgang des polnisch-litauischen Vorgehens bei der römischen Kurie abzuwarten.[64] Denn eine Fürsprache seitens des Papstes hätte dessen Verhandlungsposition doch deutlich gestärkt.

Der finanziellen Zuwendungen nicht abgeneigte Papst folgte schließlich den polnisch-litauischen Klagen und verfasste am 9. September 1403 eine Bulle, in der er dem Deutschen Orden befahl, *„das sie frede suldin haldin mit den landin czu Littowen, wend sie gute cristin werin, und ouch mit den Russin."*[65] Der Papst erklärte weiter, er habe durch die Klageschriften Władysławs „nicht ohne bitteren Schmerz" erfahren, dass „sich der Orden, statt dem König und den neu Getauften in Litauen Schutz und Schirm zu gewähren, sie dort ohne Grund und Ursache mit Krieg überziehe, auf unmenschliche Weise die Leute zu Tode bringe und mehr als sonst irgendein Feind alles verheere und überhaupt zum Nachteil des Seelenheils wirke." Der Papst fuhr noch fort und machte dem Hochmeister die bittersten Vorwürfe. Der Hoch-

---

[61] Vgl. Boockmann, 12 Kapitel, S. 178.
[62] PrUB, JS-FS 146 (23. April 1403, Marienburg), abgedruckt in: CDP 5, S. 181-186.
[63] PrUB, JS 264 (3. Mai 1403, Marienburg), abgedruckt in: CDP 6, S. 155-59. Vgl. die Übersetzung der wichtigsten Passagen im Anhang.
[64] Vgl. Weise, Staatsverträge, Bd. 1, Nr. 22, S. 31.
[65] SRP 3, S. 268.

meister verfolge „statt, wie früher seine Vorgänger, sich mit löblichem Eifer um die Neuchristen zu bemühen, genau das Gegenteil. […] So verbiete er hiermit mit aller Strenge, den König und das Land und die Städte Litauens und die neu Bekehrten zu überziehen – und das so lange, bis die Streitigkeiten eine endgültige Entscheidung friedlicher Natur angenommen haben würden.“[66] Am Ende drohte Papst Bonifatius dem Orden bei Zuwiderhandlung sogar den Bann an.

Der Hochmeister des Ordens Konrad von Jungingen setzte sich in einem im Dezember aufgesetzten Brief zur Wehr und kam zu dem Schluss, dass die Bulle nur dadurch zustande gekommen sein konnte, dass der Papst falsch unterrichtet worden sei, nämlich ausschließlich von Seiten der gegnerischen Partei. Nachdem alle Anschuldigungen entkräftet worden waren, ging er selbst in die Offensive und brachte die üblichen Anschuldigungen gegen den polnischen König vor.[67]

Am 21. Januar verfasste Konrad von Jungingen ein Schreiben an den neuen Generalprokurator an der Kurie, Peter von Wormditt, in dem er diesen neben einer Auskunft über den aktuellen Stand der Verhandlungen mit dem Großfürsten Witold und dem König von Polen ausdrücklich darum bat, dass dieser „mit allem fleisse eres rathes euch ernstlichin arbeitet, das die bulle unseres heiligen vaters wedirrufen werde.“[68]

Bereits im Dezember des Jahre 1403 hatten beiden Seiten ein abermaliges Zusammentreffen im Mai 1404 zwecks Friedensverhandlungen vereinbart.[69] Die Verhandlungen waren konstruktiv und insbesondere für den Orden sehr erfolgreich, denn dieser bekam im Vertrag von Racianz abermals das umkämpfte Samaiten zugesprochen, diesmal aber nicht nur von Witold, sondern auch vom polnischen König.[70] Damit wurden sowohl der Vertrag von Sallinwerder aus dem Jahr 1398 als auch der Frieden von Kalisch von Władysław bestätigt, in dem der polnische König Kasimir 1343 u.a. auf Pommerellen und das Kulmerland verzichtet und diese dem Orden übertragen hatte. Doch auch Władysław ging nicht leer aus, er erhielt das Dobriner Land, um das es einen lang anhaltenden Streit zwischen Polen und dem Deutschen Orden

[66] Zimmerling, Ritterorden, S. 241f.
[67] Vgl. ebenda, S. 242.
[68] Die Berichte der Generalprokuratoren des Deutschen Ordens an der Kurie, Bd. 2: Peter von Wormditt (1403-1419), bearb. v. Hans Koeppen (= Veröffentlichungen der nieder-sächsischen Archivverwaltung, 13), Göttingen 1960, Nr. 5, S. 55-57, hier S. 57.
[69] Neitmann, Klaus: Die Staatsverträge des Deutschen Ordens in Preußen 1230-1449. Studien zur Diplomatie eines spätmittelalterlichen deutschen Territorialstaates (= Neue Forschungen zur Brandenburg-Preußischen Geschichte, Bd.6), Köln 1986, S. 153.
[70] Witold bestätigte den Frieden von Racianz zwischen König Władysław und dem Hochmeister Konrad von Jungingen und setzte im Punkt der Abtretung Samaitens auf spätestens am Jahresfrist vom Johannistage (24. Juni) ab fest, indem er erklärte, „das daz lant czu Samaiten binnen eime jare adir, zo wir eerste ee eime jare moegen, fon zente Johannis baptisten tage neeste czukomende deme homeister unde dem orden redelich wedirgeben unde geantwert werde“. Vgl. hierzu Weise, Staatsverträge, Bd. 1, Nr. 25, S. 35.

gegeben hatte. Schließlich versprach der polnische König, den Frieden von Kalisch „als für die Beziehung zwischen Preußen und Polen maßgebend unverbrüchlich zu halten."[71]

Die Verhandlungen hatten letztlich zu einem Ergebnis geführt, mit dem beide Seiten zufrieden sein konnten. Auch der Papst begrüßte den Vertrag von Racianz, schließlich hatte das päpstliche Mandat eine friedliche Einigung des lang anhaltenden Konflikts ausdrücklich angemahnt.

An dieser Stelle sollen noch einmal die wichtigsten Vorwürfe beider Seiten aufgeführt werden, denn sie sollten auch in den folgenden Jahren nicht verstummen. Die polemischen Angriffe des Ordens sind in dem offenen Brief vom 3. Mai 1403, der an alle weltlichen und geistlichen Herrscher gerichtet war, zusammengefasst.[72] Der Hochmeister erklärte, dass König Władysław und Großfürst Witold und ihr ganzes Volk noch Heiden seien, dass Władysław bei seiner Krönung nur die Krone und nicht den Glauben im Sinn gehabt habe, dass er Litauen mit allerlei Waffen beliefere, dass er den Orden den Heiden untertan machen wolle, dass er sich mit Schismatikern und Heiden einlasse und dass der Orden somit legitimerweise gegen Polen-Litauen Krieg führe.

Der polnische König Władysław behauptete dagegen, dass der Orden zum Feind des Christentums geworden sei, dass er ihn nicht nur als christlichen König anerkenne und ihn bekämpfe, sondern ihn härter anfeinde als vor seiner Taufe[73] und dass der Orden die Neubekehrten mit Krieg überziehe.

Alle Vorwürfe, die von beiden Konfliktparteien erhoben wurden, wurden immer wieder rasch entkräftet und ins Gegenteil verkehrt. Die Propaganda drehte sich im Kreis, ein Sieger war nicht auszumachen. Dies war aber auch nicht Sinn und Zweck der Propaganda, die die eigene Politik in einer dichten Folge propagandistischer Verteidigungen rechtfertigte. Der Grund, warum es hier zu einer bis dato unbekannten Form der politischen Propaganda gekommen war, ist der, dass am Ende nicht nur die finanzielle und militärische Stärke zählte, sondern den rechtlichen Argumenten eine große Bedeutung zukam. Denn sowohl der Deutsche Orden als auch Polen-Litauen waren auf Verbündete angewiesen, die besonders viel Wert darauf legten, für eine gute und gerechte Sache zu kämpfen.[74]

---

[71] Ebenda, Nr. 27, S. 37.
[72] Vgl. Anhang.
[73] Vgl. Boockmann, 12 Kapitel, S. 176.
[74] Vgl. ebenda, S. 177.

2.5 Die Schlacht bei Tannenberg 1410

Der Vertrag von Racianz beruhigte den Konflikt zwischen dem Deutschen Orden und Polen-Litauen für einige Jahre. Sie waren von gemeinsamen Aktionen geprägt, wie beispielsweise die Kriege Witolds gegen Pskov 1405/06 und Moskau 1406/08[75], die der Orden sogar mit eigenen Kontingenten unterstützte. Da die Kriege aber wenig erfolgreich waren, schwand die Bereitschaft des Großfürsten, den Orden bei Aufständen in Samaiten weiterhin zu unterstützen.[76] Zunehmend förderte er diese sogar, und das immer offener.[77] Bereits seit dem Jahr 1403 hatte es in der Ordensführung Diskussionen um einen Präventivkrieg gegen Polen gegeben, um einer Aufrüstung Polens zuvorzukommen, aber der Hochmeister sprach sich gegen solch aggressive Maßnahmen aus. Um 1406 hat er schließlich alle dahingehenden Forderungen mit der Begründung abgewehrt: „Krieg ist bald angefangen, aber schwer beendet!"[78]

In dieser Phase flammte der Konflikt wieder auf, was zur Folge hatte, dass die politische Korrespondenz beider verfeindeten Mächte drastisch intensiviert wurde. Dazu zählen eingegangene Schreiben auswärtiger Mächte wie auch von Ordensbeamten und Städten innerhalb und außerhalb Preußens, aber auch viele Konzepte der Hochmeisterkanzlei, Gesandtschaftsangelegenheiten, Merkzettel, Rechnungen und ähnliches Material aus der Verwaltung.[79] Eine genaue Analyse der Korrespondenz hat ergeben, dass diese ab dem Jahr 1406 am stärksten angewachsen ist, was in erster Linie auf die „immer unsicherer werdende außenpolitische Lage"[80] zurückgeführt wurde.

Im Jahr 1409 mündete die Unzufriedenheit der samaitischen Bevölkerung mit der Ordensherrschaft in einen offenen Aufstand, den Witold nach Kräften schürte. Hintergrund war neben einer Vielzahl restriktiver Maßnahmen seitens der Ordensvögte die rigorose Eintreibung des Kirchenzehnts. Der Hochmeister nahm sogleich Kontakt zum polnischen König auf, um

---

[75] Sach, Hochmeister und Großfürst, S. 39.

[76] Vgl. Nöbel, Wilhelm: Michael Küchmeister. Hochmeister des Deutschen Ordens 1414-1422 (= Quellen und Studien zur Geschichte des Deutschen Ordens, 5), Bad Godesberg 1969. Der Deutsche Orden hatte seit 1404, als das Land Samaiten wieder an den Orden gefallen war, große Probleme, das Land zu befrieden. Immer wieder hatte er litauisches Eingreifen erbeten. Nöbel kommt zu dem Schluss, dass „der erneute Sturz der Oberherrschaft in Samaiten aufs Genaueste vorbereitet war" (S. 32). Seine Briefe an den „ahnungslosen Hochmeister" sind laut Nöbel „Meisterwerke der Verstellungskunst und der politischen Intrige" (S. 32). Den immer größer werdenden litauischen Einfluss in diesem Gebiet begründet er mit der „Überlegenheit der Witoldschen Propaganda" (S. 28). Der Großfürst überzog das ganze Land mit politischen Kommissaren, „so hatten Witolds Leute das einfache samaitische Volk geschult" (S. 32), sodass es „unberechenbar und undankbar" (S. 18) blieb. In diesem Zusammenhang darf nicht unerwähnt bleiben, dass der Orden seine Herrschaft mit restriktiven Maßnahmen durchzusetzen versuchte, was einen latenten Widerstand gegen die Ordensherrschaft zur Folge hatte.

[77] Vgl. Sarnowsky, Der Deutsche Orden, S. 92.

[78] Sonthofen, Der Deutsche Orden, S. 136.

[79] Das Ordensbriefarchiv besitzt insgesamt 285 Archivalien, die sich auf den Zeitraum 1376-1400 datieren lassen, im Zeitraum von 1401-1425 nimmt die Anzahl der Archivalien drastisch zu, hier lassen sich insgesamt 3870 Schriftstücke zählen. Vgl. hierzu Ekdahl, Sven: Die Schlacht bei Tannenberg 1410. Quellenkritische Untersuchungen, Bd. 1: Einführung und Quellenlage, Berlin 1982, S. 79.

[80] Ebenda, S. 80.

zu klären, wie dieser bei einem Angriff des Ordens auf Litauen reagieren würde. Władysław ließ sich mit einer Antwort Zeit, schließlich schickte er im August eine vom Erzbischof von Gnesen angeführte Delegation zum Hochmeister, die ihm folgende Botschaft überreichte: „Der König von Polen und Litauen und der Großfürst von Litauen seien blutsverwandt. Der Großfürst habe sein Land von der Krone Polens nur als Schenkung erhalten. Darum werde ihn der König nicht verlassen, und nicht nur in diesem Kriege, sondern in jeder Bedrängnis ihn mit Macht unterstützen. Ziehe man aber den Weg einer gütlichen Vermittlung vor, so wolle der König etwa geschehenes Unrecht auf billige Weise wiedergutmachen."[81] Der Hochmeister reagierte auf diese Botschaft überaus verärgert und drohte, auf der Stelle in Litauen einzufallen, worauf der Erzbischof entgegnete, dass die Polen derweil Preußen angreifen würden. Die Unterredung beendete Ulrich von Jungingen schließlich mit folgenden Worten: „So will ich lieber das Haupt als die Glieder fassen, lieber ein bewohntes und bebautes als ein wüstes und ödes Land aufsuchen!"[82]

Die offizielle Kriegserklärung erfolgte am 6. August 1409. In dem Fehdebrief an den polnischen König legte der Hochmeister die Gründe für den Kampf dar. Innerhalb kürzester Zeit drangen Ordensritter in Polen ein, ohne auf Widerstand zu stoßen, Witold nahm in einem Handstreich das befreundete Samaiten ein. Als sich der von beiden Seiten angerufene böhmische König Wenzel bereit erklärte, zwischen den Konfliktparteien zu vermitteln, versuchten beide Heere eiligst, ihre strategische und taktische Lage zu verbessern.[83]

Der am 8. Oktober unter Vermittlung König Wenzels ausgehandelte Waffenstillstand zwischen dem Hochmeister Ulrich von Jungingen und König Władysław von Polen hatte eine Laufzeit bis zum 24. Juni 1410. In einer Beilage dieses Vertrages findet sich eine Denkschrift des Ordens über die Vorgänge in Samaiten, die „ein Erzeugnis politischer Meinungswerbung"[84] darstellte. Sie ist als Reaktion auf die Klageschriften König Władysławs zu werten, die dieser in den Monaten August und September verfasst hatte. Von diesen Versuchen des polnischen Königs ist der Hochmeister u.a. auch vom Römischen König Ruprecht unterrichtet worden.[85] Die Propaganda wurde also auf beiden Seiten intensiviert, denn man suchte neue Bündnispartner oder versicherte sich bereits geschlossener Bündnisse.

---

[81] Die Unterredung schildert Jan Długosz in seinen Annalen. Vgl. hiezu The Annals of Jan Długosz, S. 369f. Eine deutsche Übersetzung dieser Textstelle ist abgedruckt in: Zimmerling, Ritterorden, S. 245.
[82] Zimmerling, Ritterorden, S. 245.
[83] Vgl. ebenda, S. 245.
[84] Weise, Staatsverträge, Bd. 1, Nr. 76, S. 77.
[85] Inhaltlich sind die Darlegungen in drei große Abschnitte gegliedert: 1. Schilderung der Ereignisse vom Frieden zu Racianz (22./23. Mai 1404) bis zum Waffenstillstand (8. Oktober 1409), 2. die Bedingungen dieses Vertrages und 3. die Antwort des Hochmeisters auf die Fragen und Beschuldigungen des polnischen Königs vom 9. Juni 1409, die sogenannten Elbinger Klagepunkte, die nur bruchstückweise erhalten sind. Ebenso wie die Denk-

Den potentesten Bündnispartner fand der Deutsche Orden in Sigmund, dem König von Ungarn, der ein Bruder des böhmischen Königs Wenzel war. In einem geheimen Bündnis vom 20. Dezember 1409 verpflichtete sich Sigmund, dann Waffenhilfe zu leisten, wenn Polen in einem zukünftigen Krieg Heiden einsetzen sollte.[86] Damit machte sich Sigmund die zentrale Position des Ordens zu Eigen, denn ein Krieg gegen den polnisch-litauischen Staat, der sowohl heidnische als auch orthodoxe Untertanen hatte, würde nach den gängigen Regeln des *bellum iustum* den Rang eines Glaubenskrieges erhalten.[87] Als Gegenleistung erhielt der ungarische König vom Deutschen Orden eine größere Geldsumme[88], die er „für die Realisierung seiner mannigfaltigen Politik"[89] durchaus benötigte.

Auch die Polen waren nicht untätig. Am 30. November 1409 trafen Władysław und Witold in Brest zusammen und arbeiteten einen geheimen Plan für einen Krieg gegen den Deutschen Orden aus. Der Großfürst hatte zu dem Treffen einen tatarischen Khan geladen, um dessen Unterstützung sich der polnische König nachdrücklich bemühte. Man einigte sich darauf, dass der Khan Witold mit all seinen Soldaten und deren Frauen nach Litauen begleiten und dort den Winter bis zum 24. Juni verbringen sollte. Auch das genaue Vorgehen für den Kriegsfall wurde besprochen und beispielsweise der Bau einer Brücke beschlossen.[90]

Am 15. Februar 1410 verkündete König Wenzel seinen Schiedsspruch, der „eine eindeutige Stellungnahme des böhmischen Königs zugunsten des Ordens"[91] darstellte. Denn der Orden hatte in den vergangenen Monaten mit finanziellen Zuwendungen Einfluss auf die Entscheidung des böhmischen Königs genommen.[92] Der Schiedsspruch legte fest, dass der Status quo vor der Kriegerklärung erhalten bleiben sollte, und zwar nicht nur aufgrund der von beiden Seiten geschlossenen Verträge, sondern auch „*noch irr brife lute und guter kuntschaft, die sie von dem stule tzu Rome und von dem heiligen riche [...] haben.*"[93]

---

schrift des Ordens war auch diese zur Versendung an die verschiedensten maßgebenden Fürstenhöfe bestimmt. Vgl. hierzu Weise, Staatsverträge, Bd. 1, Nr. 76, S. 77.

[86] Vgl. ebenda, Nr. 77, S. 78.

[87] Vgl. Boockmann, Hartmut: Johannes Falkenberg, der Deutsche Orden und die polnische Politik. Untersuchungen zur politischen Theorie des späteren Mittelalters (= Veröffentlichungen des Max-Planck-Instituts für Geschichte, 45), Göttingen 1975, S. 87.

[88] Dies wurde bereits von Jan Długosz vermutet, von Voigt jedoch als Dichtung abgestritten und von Weise wiederum im Zusammenhang mit dem zweiten Verkaufsbrief der Neumark vom 27. Januar 1409 als glaubwürdig dargestellt. Vgl. hierzu Weise, Staatsverträge, Bd. 1, Nr. 77, S. 79.

[89] Nowak, Sigmund und die polnische Monarchie, S. 428.

[90] Vgl. The Annals of Jan Długosz, S. 373.

[91] Boockmann, Falkenberg, S. 87.

[92] Nach einer undatierten, jedoch in das Jahr 1411 gehörenden Zusammenstellung des Ordens schuldete dieser dem böhmischen König 60 000 fl. *vor dem streite* (also vor der Schlacht bei Tannenberg am 15. Juli 1410) gelobtes etc. geldes sowie 12 000 fl. für ein Darlehen. Vgl. hierzu Israel, Das Verhältnis des Hochmeisters des Deutschen Ordens zum Reich, S. 87f. Einen Zusammenhang dieser Zahlungen mit dem Schiedsspruch Wenzels nehmen auch Vetter und Israel an. Vgl. hierzu Vetter, Hans: Die Beziehungen Wenzels zum Deutschen Orden von 1384-1411, Halle 1912, S. 4, 60.

[93] Weise, Staatsverträge, Bd. 1, Nr. 80, S. 80.

Mit diesen Worten wies Wenzel eindeutig auf die dem Deutschen Orden aufgetragenen Privilegien hin, die dessen Heidenkampf legitimierten, und das, nachdem er dem Orden diese 15 Jahre zuvor ausdrücklich genommen hatte. Auch bestätigte er die Position des Ordens, indem er dem polnischen König verbot, „den Ungläubigen gegen den Orden Unterstützung zu gewähren, sie zu bewaffnen oder ihnen gegen die Christenheit zu Hilfe zu kommen."[94] Welche Ungläubigen genau gemeint waren, blieb offen. Schließlich lebten Ungläubige, genauer gesagt Heiden und Schismatiker, sowohl innerhalb als auch außerhalb der Grenzen des polnisch-litauischen Staates. Diese Frage sollte „der zentrale Punkt der künftigen Kontroversen"[95] sein.

Die polnische Delegation, die sich von Anfang an von Wenzel benachteiligt fühlte[96], lehnte den Schiedsspruch ab, was den Deutschen Orden argumentativ in eine günstigere Lage versetzte.[97] Dieser konnte den Polen neben den bisherigen Vorwürfen nun auch Rechtsbruch vorwerfen. Dies ließ sich der Orden auch vom böhmischen König bestätigen. Am 4. Juni 1410 schrieb Wenzel an den Hochmeister, dass dieser den Schiedsspruch in allen Punkten vollkommen ausgeführt habe, König Władysław von Polen aber nicht, sodass er den Hochmeister aller Verpflichtungen aus dem Schiedsspruch los und ledig sprach.[98]

Der zuvor unter der Vermittlung Wenzels ausgehandelte Waffenstillstand lief am 24. Juni 1410 aus und beide Seiten wollten die jahrelangen Streitigkeiten in einer militärischen Aktion endgültig zu ihren Gunsten beenden. Fieberhaft wurden nun die Kriegsvorbereitungen intensiviert. Als die polnische Delegation dem vereinbarten Zusammenkommen beider Konflikt-

---

[94] Boockmann, Falkenberg, S. 88.
[95] Ebenda, S. 88.
[96] Długosz schildert die Ereignisse des 15. Februar und deren Vorgeschichte aus der polnischen Sicht ausführlich. Zunächst schenkte König Wenzel, der als „unverbesserlich Optimist" und als „ziemlich zerstreut" dargestellt wird, den Dokumente der polnischen Delegation, in denen die ihre Argumente darlegten, keine Beachtung, obwohl die Gesandtschaft des Ordens Gelegenheit erhalten hatte, ihren Standpunkt darzulegen. Auch die Tatsache, dass Wenzel Böhmen und Deutsche an der Entscheidung beteiligte, stieß auf polnischen Widerstand. Der Vorsitzende der Böhmen, Markgraf Jobst von Mähren, hatte bereits in der Vergangenheit viele Auseinandersetzungen mit dem polnischen König, sodass dieser als nicht unparteiisch abgelehnt wurde, was aber keine Beachtung fand. Als am Tag der Verkündung der Schiedsspruch nur in deutscher Sprache und anschließend in der böhmischen vorgetragen wurde, fühlte sich die polnische Delegation gedemütigt. Die Situation wurde noch weiter verschärft, da Wenzel dies damit rechtfertigte, dass sich die böhmische und die polnische Sprache derart gleichen, dass jeder, der der einen mächtig sei auch die andere verstehe. Vgl. hierzu Długosz, engl. Übersetzung, S. 375f. Als die Polen sich weigerten, Wenzels Schiedsspruch anzuerkennen, geriet dieser in Rage und drohte, dass er und sein Bruder Sigmund dem Orden im Kriegsfall beiseite stehen und mit Gottes Hilfe die Polen in ihre Grenzen zurücktreiben würden. Daraufhin verließ die polnische Delegation kommentarlos den Saal. Vgl. hierzu Zimmerling, Ritterorden, S. 248.
[97] Vetter behauptet, dass der Orden mit dem Kauf des Schiedsspruchs den polnischen Rechtsbruch provozieren wollte, um diesen als Friedensverweigerer darstellen zu können. Vgl. hierzu Vetter, Die Beziehungen Wenzels zum Deutschen Orden, S. 60, S. 62ff.
[98] Vgl. Weise, Staatsverträge, Bd. 1, Nr. 81, S. 81.

parteien in Breslau fernblieb, war auch die letzte Chance, den Krieg zu verhindern, vertan. Ein militärisches Aufeinandertreffen wurde nun immer wahrscheinlicher.[99] Die genauen Umstände der Schlacht, die am 15. Juli bei Tannenberg ausgetragen wurde, sollen hier nicht erörtert werden. Der Deutsche Orden wurde vom polnisch-litauischen Heer geschlagen und weite Teile des Ordenslandes besetzt, die Marienburg mit ihrem Ordensschatz konnte jedoch trotz einer langen Belagerung nicht eingenommen werden. Auch einer Vielzahl weiterer Burgen im ganzen Land gelang es, den Belagerungen standhalten. Der Orden konnte seine Lage stabilisieren.[100] Angesichts dieser Pattsituation erklärten sich beide Seiten zu Verhandlungen bereit, an deren Ende der Frieden von Thorn stand.[101] Der Vertrag war sowohl für den Deutschen Orden als auch für Polen-Litauen unbefriedigend. Ihr Ziel, welches sie durch das militärische Aufeinandertreffen zu erreichen gesucht hatten, hatte weder die eine noch die andere Kriegspartei erreicht. „Die Rivalität zwischen beiden Machtblöcken blieb [also] unvermindert bestehen."[102]

---

[99] Vgl. Berichte der Generalprokuratoren, Bd. 2, Nr. 54, S. 117. Der Ordenschronist Johann von Posilge schreibt, dass der Hochmeister zwei Legaten zum polnischen König gesandt hatte. Dieser wollte aber weder die für ihn bestimmten Briefe annehmen noch Boten zu dem Schiedsgericht zu Breslau schicken, sondern *her besamelte sich mit den Tatern, Russin, Littowin und Samaythin weder dy cristinheit.* Vgl. hierzu SRP 3, S. 314. Das Fernbleiben der Polen kann auch dahingehend gedeutet werden, dass durch den Tod des Römischen Königs Ruprecht am 18. Mai und der Kandidatur König Sigmunds, der alles in Bewegung setzte, um endlich zum Römischen König gewählt zu werden, der Augenblick eines Krieges im Sommer 1410 aus polnischer Sicht äußerst günstig erschien. Vgl. Sonthofen, Der Deutsche Orden, S. 136.
[100] Vgl. Prietzel, Malte, Krieg im Mittelalter, S. 182-184; Biskup/Labuda, Die Geschichte des Deutschen Ordens in Preußen, S. 394-397.
[101] Bereits am 9. Dezember hatte man sich in Nessau auf einen Waffenstillstand geeinigt, der endgültige Friedensvertrag wurde am 1. Februar 1411 in Thorn besiegelt. Vgl. hierzu Weise, Staatsverträge, Bd. 1, Nr. 82-83, S. 82-89. Der Orden kam angesichts der herben Niederlage in Tannenberg glimpflich davon. Er musste Samaiten an den polnischen König und den litauischen Großfürsten auf deren Lebenszeit abtreten und die besetzten Burgen sowie die Gefangenen mit einer hohen, aber nicht ruinösen Geldsumme auslösen. Vgl. hierzu Prietzel, Malte, Krieg im Mittelalter, S. 184. Der Thorner Frieden führte zu einer Unterkühlung der Beziehungen Sigmunds und des Ordens, da dieser ohne Wissen Sigmunds geschlossen worden war, was nach einer Vereinbarung vom 31. März 1410 ausdrücklich untersagt worden war. Vgl. hierzu Weise, Staatsverträge, Bd. 1, Nr. 78, S. 79. Noch unmittelbar vor Friedensschluss hatte er den Orden aufgefordert, den Krieg fortzusetzen. Vgl. hierzu Israel, Das Verhältnis des Hochmeisters des Deutschen Ordens zum Reich, S. 84. Das Bündnis mit Sigmund war jedoch nur von kurzer Dauer, denn am 15. März ging ein Bündnis mit dem König von Polen ein, dem sich Witold anschloss. Vgl. hierzu Boockmann, Falkenberg, S. 93-96.
[102] Prietzel, Krieg im Mittelalter, S. 184.

3 Die Entwicklung der Propaganda nach der Schlacht bei Tannenberg

Die Schlacht bei Tannenberg am 15. Juli 1410, eine der größten Feldschlachten des Mittelalters, und die Niederlage des Deutschen Ordens wurden in ganz Europa mit großer Aufmerksamkeit zur Kenntnis genommen. Besonders dem Deutschen Orden war daran gelegen, dass die Länder Europas in ,korrekter Weise' von den Ereignissen auf dem Schlachtfeld unterrichtet wurden. Es wurden sowohl vom Deutschen Orden als auch von Polen-Litauen „große propagandistische Anstrengungen unternommen"[103], um die Richtigkeit ihres Vorgehens darzulegen und sich gegen Anschuldigungen der jeweils gegnerischen Partei zu verteidigen. Die Zeugnisse der Chronisten jener Zeit spiegeln die deutliche Polarisierung der Standpunkte beider Kontrahenten eindrucksvoll wider. Neben den seit der Gründung der polnisch-litauischen Union vorgebrachten Vorwürfen sollte insbesondere die Lehre des *bellum iustum* der zentrale Gegenstand der Propagandaschriften nach der Schlacht bei Tannenberg werden.

3.1 Die frühe Propaganda des Deutschen Ordens

Die Propaganda des Deutschen Ordens behielt nach der Schlacht bei Tannenberg, die für diesen mit einer Niederlage geendet hatte, ihre grundsätzliche argumentative Ausrichtung bei, denn nun sah der Orden all seine Mahnungen und Warnungen bezüglich der polnisch-litauischen Union bestätigt. Zeugnisse dieser frühen Argumentationslinie des Deutschen Ordens nach der Schlacht liegen in Form von Briefen und Chroniken vor. Die erste schriftliche Mitteilung von der Niederlage erhielt der wichtigste Verbündete des Ordens, König Sigmund. In seiner ersten Reaktion auf die Niederlage forderte Sigmund die deutschen Fürsten auf, Hilfe für den Deutschen Orden zu leisten.[104] Dieses Eintreten für den Orden steht auch in Zusammenhang mit Sigmunds Bemühen, als Nachfolger König Ruprechts zum Römischen König gewählt zu werden. Er erhoffte sich dadurch, bei den Gönnern des Deutschen Ordens, wie beispielsweise den Kurfürsten, an Zustimmung zu gewinnen. Wenzel von Miska wurde von Sigmund beauftragt, seinen Aufruf und die Vorgänge in Preußen an die Fürstenhöfe West- und Mitteleuropas zu übermitteln.[105] Auf diese Weise fand die Ordenspropaganda dieser frühen Phase nach der Schlacht bei Tannenberg auch Eingang in die Chroniken jener Zeit. Die

---

[103] Biskup/Labuda, Die Geschichte des Deutschen Ordens in Preußen, S. 397
[104] SRP 3, S. 403f.
[105] Ebenda, S. 404.

Chronik von Saint-Denis enthält den frühesten und einen „der bemerkenswertesten ordensfreundlichen Berichte"[106] über die Schlacht.[107] Auch der Brief Heinrichs von Plauen an die Fürsten und Stände des Reiches vom 14. Dezember 1410 ist ein Beispiel für die Ordenspropaganda dieser Phase.[108] Die Motivation des Hochmeisters bestand vor allem darin, neue Söldner anzuwerben. Diese frühen Briefe und Berichte zeichnen sich insbesondere dadurch aus, dass sie „noch nicht als Polemik und Verteidigung gegen die polnischen Anklagen"[109] gestaltet worden sind.

Zentral war der Vorwurf des Deutschen Ordens, dass der polnische König ein Bündnis mit „allerley ungeloubigen Thateren, Bessermenige heiden, Reussen, Wallachen, Samayten und Littauwen"[110] geschlossen habe. Auch die Chronik von Saint-Denis betont sehr deutlich, dass es sich in der Schlacht bei Tannenberg um einen Kampf um Christen gegen Heiden und deren Beschützer gehandelt habe.

Wie bereits dargestellt, war die Heranziehung heidnischer Hilfsvölker im späten Mittelalter weder ungewöhnlich noch wurde dies im östlichen Mitteleuropa als besonders verwerflich angesehen. Im Jahre 1399 hatte bereits ein Kontingent des Deutsche Ordens Seite an Seite mit Heiden gekämpft[111] und auch der ungarische König hatte angeblich solche Abteilungen in seinen Heeren.[112] Auch der Vorwurf an die Polen, Bündnisse mit Heiden eingegangen zu sein, klingt sehr scheinheilig, hatte sich der Orden doch selbst in der Vergangenheit keineswegs gescheut, Bündnisse mit Witold oder anderen heidnischen Fürsten einzugehen, „wenn ihm dies aus politischen Gründen zweckmäßig erschien."[113] Dieser Vorwurf zeigt aber auch deutlich, dass die Ordenspropaganda für die westliche Welt bestimmt war, wo „die christlichen und ritterlichen Vorstellungen von dem Krieg gegen die heidnische Welt als einem bellum iustum immer noch einiges Gewicht besaßen."[114]

Der zweite Argumentationsstrang konzentrierte sich auf das vom polnischen König am Orden begangene Unrecht. Die polnische Gesandtschaft hatte den Schiedsspruch des böhmischen Königs Wenzel vom 15. Februar 1410 abgelehnt und damit Unrecht am Deutschen Orden begangen. Auch war man den Verhandlungen in Breslau am 11. Mai 1410 ferngeblieben und hatte die von Sigmund angebotene Vermittlung abgelehnt. Dieses unkooperative Verhalten

---

[106] Ekdahl, Tannenberg, S. 184.
[107] Vgl. SRP 3, S. 453f.
[108] Scriptores rerum Prussicarum (SRP). Die Geschichtsquellen der preußischen Vorzeit bis zum Untergange der Ordensherrschaft, Bd. 4, hrsg. v. Theodor Hirsch, Max Toeppen, Ernst Strehlke, Leipzig 1870, ND Frankfurt a. M. 1965, S. 389.
[109] Ekdahl, Tannenberg, S. 186.
[110] Ebenda, S. 196.
[111] Vgl. Boockmann, 12 Kapitel, S. 175.
[112] Vgl. Ekdahl, Tannenberg, S. 197.
[113] Ebenda, S. 197.
[114] Ebenda, S. 198.

Polens vor der Schlacht führte schließlich dazu, dass der Orden König Władysław nun als Rechtsverweigerer darstellen konnte.

3.2   Die Propaganda Polens

Die polnische Propaganda vollzog ihren Weg auf ähnliche Weise wie die des Ordens. Briefe und Chroniken sollten die polnische Perspektive der Geschehnisse um die Schlacht bei Tannenberg nach außen tragen.

Die frühesten polnischen Berichte der Schlacht sind die Briefe des polnischen Königs an seine Frau Anna[115] und an den Bischof von Posen sowie den Erzbischof von Gnesen.[116] Diese schildern hauptsächlich die Vorbereitungen der Schlacht sowie die letzte Phase des Kampfes. Besonderen Wert legte Władysław auf seine Teilnahme an der Messe, während sich die Ordensritter näherten, begierig danach, zu kämpfen und unschuldiges Blut zu vergießen[117]: *„siciens nobiscum preliari et nostrorum effundere sanguinem innocentum"*[118].

In allen drei Schreiben stellt sich der polnische König als sanftmütiger[119] Herrscher dar, die Ordensritter werden in diesen Briefen erstmals als hochmütig charakterisiert. Das Superbia-Motiv sollte später in der augustinisch-gregorianisch angepassten Propaganda deutlich weiter ausgebreitet werden.[120] Diese frühen Briefe vom Schlachtfeld stellen die Grundlage der polnischen Propanagsa gegen den Deutschen Orden dar, die schrittweise in der polnischen Kanzlei weiterentwickelt werden sollten.[121]

Da diese frühe Propaganda keine Antwort auf den Vorwurf des Ordens, die Polen hätten sich in der Schlacht heidnischer Waffenhilfe bedient, gab, sahen sich die Polen gezwungen, ihre Argumentation auszubauen. Der erste Brief, der auf die Heidenfrage explizit Stellung nahm, ist ein Schreiben, in dem der Bischof von Posen Andreas Lascari mehrere an der päpstlichen Kurie befindliche Polen über die Schlacht bei Tannenberg folgendermaßen informierte: Zwar habe der König Seite an Seite mit Tataren und Schismatikern gekämpft, aber dies nur aus der Notlage heraus, sein Land verteidigen zu müssen. Außerdem habe der Deutsche Orden eben-

---

[115] Nach dem Tode Jadwigas im Jahre 1399 heiratete Władysław im Jahre 1404 Anna von Cilli, die mütterlicherseits eine Enkelin des polnischen Königs Kasimirs I. war.

[116] Vgl. Ekdahl, Tannenberg, S. 159-161.

[117] Schnippel, Emil: Vom Streitplatz zum Tannenberge, in: Prussia 31 (1935), S. 5-68, hier S. 65.

[118] SRP 3, S. 426.

[119] Schnippel, Vom Streitplatz zum Tannenberge, S. 66. Władysław soll den Herolden *in mansuetudine animi* geantwortet haben. Vgl. hierzu SRP 3, S. 426.

[120] Vgl. Ekdahl, Tannenberg, S. 160.

[121] Vgl. ebenda, S. 160.

falls mit Heiden gekämpft, nämlich mit den Prussen, die nicht einmal zu einem Drittel getauft seien.[122]

Der Brief Königs Władysław vom 11. November 1410 an Heinrich von Rosenberg, den Bevollmächtigten König Wenzels an der Kurie, ist ein weiteres Beispiel für die nun intensivierte und weiterentwickelte polnische Propaganda. Er ist eine Reaktion auf die vom Deutschen Orden diskutierte Heidenfrage, die sich für die polnische Diplomatie zu einer immer größeren Belastung entwickelt hatte. Dieser Brief bediente sich moraltheologischer Argumente, womit man sich erhoffte, das Wohlwollen der Kurie zu erlangen.[123] Die polnische Seite betonte, dass zwar Heiden in ihren Reihen mitgekämpft hätten, aber diese stammten allesamt aus untergebenen Völkerschaften. Man habe nie die Absicht gehabt, außenstehende Heiden anzuwerben. Dabei wurde auf König Sigmund verwiesen, der dasselbe seit langem praktiziere: „Warum also sollten wir dann daran gehindert werden, Rechte auszuüben, die auszuüben allen christlichen Fürsten gestattet ist?"[124] Dieses Schreiben ist „durchweg als Propaganda und als Einlassung in einem Rechtsstreit gedacht."[125]

Die propagandistisch wertvollen Elemente der älteren Quellen wurden aufgegriffen und von der Kanzlei weiterentwickelt. Der polnische König erschien nun nicht mehr nur als sanftmütiger Herrscher, sondern wurde im augustinischen Sinne als *rex iustus* oder *rex pacificus* gelobt.[126] Anzeichen der zuvor noch ausdrücklich betonten Frömmigkeit des polnischen Königs finden sich hier allerdings nicht.[127] Der Deutsche Orden wurde hingegen getreu dem dualistischen Verständnis als Teufelsmacht, Friedensbrecher und Kriegstreiber dargestellt.

Die *Cronica conflictus* gehört ebenfalls in diese Phase der neu ausgerichteten polnischen Propaganda. Diese gleicht argumentativ dem Schreiben an Heinrich von Rosenberg, schildert aber darüber hinaus in aller Ausführlichkeit den Friedenswillen[128] und die Frömmigkeit[129] des polnischen Königs. Sie bedient sich des typischen Schema vom Kampf zwischen dem Guten und dem Bösen und betont den Charakter des Krieges als *bellum iustum* zudem mit eschatologischen Argumenten.[130]

---

[122] Vgl. SRP 3, S. 428.
[123] Vgl. Ekdahl, Tannenberg, S. 161.
[124] *Quare ergo dumtaxat nos ius nostrum exequi prohibemur, quod omnibus christianis princebus conceditur exercere?* Vgl. hierzu Codex epistolaris saeculi decimi quinti (CES XV), Bd. 3, hrsg. v. A. Lewicki, Krakau 1894 (= Editionum collegii historici academiae litterarum cracoviensis, 52 = Monumenta medii aevi historica res gestas Poloniae illustrantia, 14), S. 499.
[125] Ekdahl, Tannenberg, S. 162.
[126] Vgl. CES XV, Bd. 3, S. 499.
[127] Vgl. Ekdahl, Tannenberg, S. 164.
[128] Cronica conflictus Wladislai regis Poloniae cum cruciferis anno Christi 1410, hrsg. v. Zygmunt Celichowski, Posen 1911, S. 16f.
[129] Ebenda, S. 20f.
[130] Ekdahl, Tannenberg, S. 180.

Die letzte Phase der polnischen Propaganda, die sogleich den Höhepunkt der propagandistischen Aktivitäten darstellte, ist die Rede des Andreas Lascari vor Papst Johannes XXIII. im Herbst 1411. Die Entsendung polnischer Vertreter zum Papst war eine Reaktion auf die Parteinahme des neuen Römischen Königs Sigmund für den Deutschen Orden. Bei der Bewertung des päpstlichen Handelns muss allerdings berücksichtigt werden, dass Johannes' Pontifikat durch das abendländische Schisma geprägt war und er die Polen nicht an Papst Gregor XII. verlieren wollte. Neben Polen erkannten sowohl der Deutsche Orden als auch Ungarn das Pontifikat Johannes' XXIII. an. Aufgrund des päpstlichen Machtkampfes konnte der Papst den Anliegen der Polen gegenüber nicht gleichgültig oder gar abweisend sein.[131]

Das Hauptanliegen des Andreas Lascari war die Bestätigung, dass der Krieg gegen den Deutschen Orden ein *bellum iustum* gewesen sei. In seiner Rede lobte Andreas Lascari seinen König als einen Mann, der den Frieden und die Gerechtigkeit vertrete, den Deutschen Orden beschuldigte er als Friedensbrecher, Kriegstreiber und als Vertreter der Teufelsmacht.

Der Ausgang der Verhandlungen muss als ein diplomatischer und zugleich propagandistischer Erfolg Polens gewertet werden. Dadurch, dass Papst Johannes XXIII. den Krieg gegen den Deutschen Orden als einen ‚gerechten' Krieg billigte, konnte Polen seine Rechtsposition festigen und die auf moral-theologische Argumente aufbauenden Behauptungen der Ordenspropaganda schwächen.[132]

Die Entscheidung des Papstes darf allerdings nicht allzu einseitig gesehen werden. Aus einem Schreiben an den polnischen König[133] wird ersichtlich, dass sich Johannes XXIII. durchaus um einen Ausgleich beider Konfliktparteien bemühte und keine der beiden Seiten brüskieren wollte.[134]

3.3   Die Verschärfung der Ordenspropaganda

Die Propaganda des Deutschen Ordens erfuhr ab dem Jahr 1412 eine deutliche Verschärfung, die als Reaktion bzw. Verteidigung auf die Erfolge der polnischen Propaganda zu deuten ist. Im Mittelpunkt stand nun neben der Heidenfrage oder dem ihm widerfahrenen Unrecht, die Rechtfertigung des eigenen Handelns in der Schlacht sowie die Diffamierung des polnischen Königs.

---

[131] Ebenda, S. 169.
[132] Ebenda, S. 170.
[133] Vgl. OBA Nr. 1566.
[134] Vgl. Ekdahl, Tannenberg, S. 172.

Den Beginn der Verteidigung gegen die polnischen Vorwürfe markiert die Reise des Haus-komtur von Thorn, Georg Eglinger, zu den deutschen Fürsten, um bei diesen den Standpunkt des Ordens zu vertreten und der gegnerischen Propaganda entgegenzuwirken, aber auch Söld-ner anzuwerben.[135] Diese Maßnahme war eine unmittelbare Reaktion auf die erfolgreiche polnische Propagandareise des Andreas Lascari zu Papst Johannes XXIII. Auffällig ist, dass die Rechtfertigung des Hochmeisters vornehmlich an die weltlichen Herrscher gerichtet war. Das liegt daran, dass Heinrich von Plauen von der Haltung der römischen Kurie sehr ent-täuscht gewesen ist. Dies wird in einem Brief an den Generalprokurator Peter von Wormditt am 26. Februar 1412 deutlich, in dem er diesem mitteilte, dass er beabsichtige, den Streit mit Polen dem Urteilsspruch des Papstes zu entziehen, da *„dem babste unser und der cristenheit not und sache nicht also czu herczen geet, als wir gehafft hatten. Und wenn wir so cleynen trost an dem babste befynden, zo wellen wir lieber unser sachin furdern an unserem herren dem romischen und ungerischem koninge hofe wenn im hofe czu Rome, in den dy Polan ouch nicht wellen, und dorumme syn wir alle unser sachen czu demselben unserm herren von Un-gern czu gleiche und rechte gegangen und wellen yr by ym bliwen.“*[136] Der Hochmeister ver-sprach sich also wenig Hilfe von päpstlicher Seite. Denn Papst Johannes XXIII. war an einer Schlichtung des Konfliktes gelegen, eine einseitige Parteinahme für den Orden war daher nicht zu erwarten.

Dabei fällt auf, dass die theoretischen Begründungen des Ordens, die an die weltlichen Herr-scher gerichtet waren, weit einfacher gehalten waren als die der Polen. Diese Vorgehensweise ist darin begründet, dass es dem Orden an gut ausgebildeten Männern mangelte, die theore-tisch argumentieren konnten.[137]

Die polnische Propaganda hatte den Deutschen Orden als streitsüchtig und hochmütig darge-stellt. Diesen Vorwürfen musste etwas entgegengesetzt werden. Der Orden musste glaubwür-dig begründen, warum er so eilig gegen den Feind ziehen wollte, warum er eine schnelle Ent-scheidung auf dem Schlachtfeld suchte und was es mit der Übergabe der zwei Schwerter[138]

---

[135] Ebenda, S. 189.
[136] Berichte der Generalprokuratoren, Bd. 2, Nr. 69, S. 140-142, hier S. 141. Hintergrund ist die Annäherung zwischen dem Römischen König Sigmund und dem Orden, nachdem sich die Beziehungen seit dem Thorner Frieden abgekühlt hatten.
[137] Vgl. Ekdahl, Tannenberg, S. 189.
[138] Vgl. SRP 3, S. 316. Posilge beschreibt das Handeln der Soldaten folgendermaßen: „Der Marschall sandte dem König durch die Herolde zwei bloße Schwerter, dass er nicht untätig im Walde liegen sollte, sondern das Heer ins Freie führe, [denn] sie sollten mit ihnen kämpfen." Vgl. hierzu Bühler, Ordensritter und Kirchenfürsten, S. 167. Selbst Długosz erkannte in der Schwertübergabe keinerlei Anzeichen von Hochmut, sondern lediglich ein für den polnischen König unbekanntes Ritual. Vgl. hierzu The Annales of Jan Długosz, S. 388.

auf sich hatte.[139] Der Orden, der als Friedensbrecher dastand, musste sich verteidigen. Da die Strategie der Polen so erfolgreich war, kopierte man diese und warf den polnischen Truppen und insbesondere ihrem König nun selbst Grausamkeit vor. Hatte man diesem im Herbst 1411 nur unterstellt, sich mit „*Tatern und vil andern heydnischen geczungen*"[140] verbündet zu haben, erschuf man nun ein Feindbild, das dem genauen Gegenteil entsprach, was der Orden von sich selbst behauptete, nämlich ein ‚Friedensschild der Christenheit' zu sein. Den polnischen König stellte man folglich als König der Tataren und Verteidiger des Heidentums dar.[141]

Diese Argumentationsweise des Ordens wird in der Chronik des Johann von Posilge sehr deutlich, die beispielhaft für die Propaganda des Ordens in dieser Phase angeführt werden soll. Sie enthält bereits alle wesentlichen Argumente der Ordenspropaganda zu Beginn des Jahres 1412.

Die Chronik schildert sehr ausführlich die Zerstörung der Stadt Gilgenburg am 13. Juli 1410 mit allen dort verübten ‚Schandtaten'.[142] Dieser Punkt fehlte in allen vorangegangen Schilderungen. Nun gewann die Zerstörung Gilgenburgs an Bedeutung, denn sie wurde als Motivation für das rasche Handeln der Ordensführung angeführt. Der Entschluss zum Krieg, der „im Namen des Herrn und *in keinem anderen Sinn* geführt wurde"[143] sei als Reaktion auf die in Gilgenburg verübten Untaten zu verstehen. Der Orden versuchte mit dieser Argumentationsweise in seinem Heidenkampf als Nachfolger der Makkabäer dazustehen und sich damit allen Vorwürfen der polnischen Seite zu entziehen.[144]

---

[139] Vgl. Ekdahl, Tannenberg, S. 199.

[140] In dieser Weise argumentierte der Orden in einer Instruktion für Verhandlungen mit König Wenzel vor dem 1. November 1211. vgl hierzu OBA 1570 und die Ausführungen Boockmanns. Vgl. hierzu Boockmann, Falkenberg, S. 96.

[141] Aus der Instruktion des Hauskomturs von Thorn, Georg Eglinger. Vgl. hierzu OBA 1659.

[142] SRP 3, S. 315. Posilge beschreibt das Handeln der Soldaten folgendermaßen: „Die polnischen Truppen schlugen alles tot, jung und alt, sie machten zusammen mit den Heiden ein so fürchterliches Blutbad, dass es nicht zu sagen ist; sie schändeten Kirchen, Jungfrauen und Frauen, schnitten ihnen die Brüste ab, peinigten sie jämmerlich und ließen sie in die Knechtschaft forttreiben. Auch schmähten die Heiden das Sakrament; wo sie in die Kirchen kamen, zerrieben sie es mit den Händen, traten es mit Füßen und trieben ihren Spott damit." Vgl. hierzu Bühler, Ordensritter und Kirchenfürsten, S. 166. Neben der preußischen Chronistik berichtet auch Długosz von den Gräueltaten, die scheinbar von Litauern und Tataren verübt wurden. Polnische *proceres* haben seinen Schilderungen zu Folge gegen deren Kriegshandlungen protestiert. Vgl. hierzu Boockmann, Falkenberg, S. 92. Sogar der polen-freundliche Chronist hält die Kriegshandlungen für unrechtmäßig, er begründet dieses Verhalten mit der Abscheu der Art und Weise, wie Ordensritter im Herbst 1409 das Dobriner Land verwüstet hatten. Vgl. hierzu The Annales of Jan Długosz, S. 386.

[143] Ekdahl, Tannenberg, S. 200.

[144] Der Vorwurf, dass der Orden eine schnelle Entscheidung zu erstreben suchte, findet in der Chronik des Posilge eine entsprechende Reaktion. Posilges Nachfolger schildert die Ereignisse so, dass die Ordensleitung freiwillig auf die günstige Gelegenheit, den Feind anzugreifen, verzichtet habe, was aus Ritterlichkeit geschehen sei. Dies ist ein Versuch, die negative polnische Propaganda in eine für den Orden günstige zu verwandeln. In Wirklichkeit wäre ein Angriff in dem waldreichen Gelände zum Scheitern verurteilt gewesen und das wusste auch der polnische König, der seine für den Orden ungünstige Position *in dem walde* geschickt auszunutzen wusste. Eben

Posilge führt fort, dass das Ordensheer den Feind überraschte, aber trotz dieser günstigen Gelegenheit nicht angriff: *„hettin sy den koning von stad an angegriffen, sy mochtin ere und gut habin irworbin.*"[145] Um die Polen zum Kampf aufzufordern, sandte der Marschall dem polnischen König zwei Schwerter, „dass er nicht untätig im Walde liegen sollte, sondern das Heer ins Freie führe."[146] Die Behauptung Posilges, der Orden habe aus Ritterlichkeit auf die günstige Gelegenheit verzichtet, ist ein tendenziöser Versuch des Chronisten, die ordensfeindliche polnische Propaganda zu entkräften. Tatsächlich war das Ordensheer zum Warten gezwungen, denn ein Angriff in dem waldreichen Gelände wäre zum Scheitern verurteilt gewesen.[147]

Ebenfalls neu in der Chronik des Johann von Posilge ist der Versuch, ein möglichst negatives Bild des polnischen Königs zu zeichnen. Władysław wird nicht als sanftmütiger bzw. friedenswilliger König dargestellt, sondern als Kriegstreiber, der *„synem bosin und schedelichin willin* nachfolgte, *dy cristinheyt czu vorlerbin.*"[148] Wiederholt wird der *„bosin willin*"[149] des Königs angeführt, eine Art teuflische Macht, die den König zu seinen Taten trieb. Sein Entgegenkommen gegenüber den preußischen Städten nach der Schlacht stellt Posilge als Plan des polnischen König dar, sie *„willig syme gebote und willen*" zu machen. Er selbst wird in diesem Zusammenhang als *„antecristus*" bezeichnet.[150]

Des Weiteren wird Władysław als Rechtsverweigerer dargestellt, der jegliche Schlichtungsverhandlungen ausgeschlagen und eine ungerechte oder mutwillige Fehde geführt habe. Der Deutsche Orden habe im Gegensatz zu seinem Gegner eine rechte Fehde geführt, da er zur Fehde gedrungen gewesen sei.[151]

Die Neuausrichtung der Ordenspropaganda verfehlte ihre Wirkung nicht. Nachdem bereits der enge Verbündete des Deutschen Ordens, König Sigmund, der am 21. Juli 1411 zum Römischen König gewählt worden war, in einer Erklärung an alle Reichsuntertanen am 30. Januar 1412 deutlich Stellung zugunsten des Ordens bezogen hatte und diesen als einen *„vesten schilt der ganzen cristenheit*" bezeichnet hatte[152], verbesserte sich die Position des Ordens im Frühjahr 1412 auch dank der Ordenspropaganda sichtlich. Großen Anteil daran hatte die Propagandamission Georg Eglingers, die für den Orden äußerst erfolgreich verlaufen war. Sie

---

dieses lange *untätig*[e] Verharren im Wald bewegte den Hochmeister schließlich dazu, den König mit der Übergabe der Schwerter zum Beginn der Schlacht aufzufordern. Vgl. hierzu SRP 3, S. 316.
[145] Ebenda, S. 316.
[146] Bühler, Ordensritter und Kirchenfürsten, S. 166.
[147] Vgl. Ekdahl, Tannenberg, S. 202.
[148] SRP 3, S. 314.
[149] Ebenda, S. 314.
[150] Ebenda, S. 322.
[151] Ebenda, S. 314.
[152] Deutsche Reichstagsakten, Ältere Reihe (RTA ÄR), Bd. 7: unter Kaiser Sigmund, Erste Abtheilung: 1410-1420, hrsg. v. Dietrich Kerler, München 1878, Nr. 125, S. 181-186, hier S. 184.

hatte ein breites Echo erhalten.[153] Bald folgten Fürschriften zugunsten des Ordens, wie beispielsweise im März die der Landgrafen Friedrich und Wilhelm von Thüringen, die sich sowohl an den Papst Johannes XXIII.[154] als auch an den Römischen König Sigmund[155] richteten. Auch der bayerische Herzog setzte sich bei Sigmund für die Belange des Ordens ein.[156] Sigmund schloss am 15. März ein Bündnis mit dem polnischen König[157], dem sich auch der litauische Großfürst anschloss.[158] In dieser Situation befürwortete der ungarische König eine schiedsgerichtliche Regelung der zwischen dem Deutschen Orden und Polen-Litauen strittigen Fragen und machte diese Friedensbemühungen auch in einem Brief an verschiedene Städte des Reiches vom 6. April deutlich. In diesem Brief bezeichnete er den Deutschen Orden erneut als einen „vesten schilt der cristenheite"[159].

Der Deutsche Orden hatte nun weder im Papst noch im Römischen König einen eindeutigen Fürsprecher. Ihm blieb keine Wahl, er musste einer schiedsgerichtlichen Einigung des Konflikts zustimmen. Der Schiedsspruch zu Ofen[160], der am 24. August 1412 verkündet wurde, bestätigte im Wesentlichen die Bestimmungen des Thorner Friedens, offen gebliebene strittige Punkte sollten durch einen Schiedsspruch Benedicts von Macra entschieden werden, den Sigmund in dieser Angelegenheit einsetzte.

3.4 Die Verhandlungen unter Benedict von Macra

Der Ofener Schiedsspruch hatte einige Punkte offen gelassen, vor allem Grenzfragen, die unter dem Vorsitz des königlichen Beauftragten Benedict von Macra geklärt werden sollten. Die polnische Seite führte die Verhandlungen weitgehend nach den Prinzipien des kanonischen Prozesses und begründete ihre Ansprüche mit kanonischen Argumenten. Dies schuf den Vertretern Polens eine Argumentationsgrundlage, die über die strittigen Einzelfälle hinausging und die grundlegenden Prinzipien des Ordensstaates in Frage stellte. Die Polen argumentier-

---

[153] Vgl. Boockmann, Falkenberg, S. 97.
[154] Vgl. OBA 1680.
[155] Vgl. OBA 1673.
[156] Vgl. OBA 1691.
[157] Weise, Staatsverträge, Bd. 1, Nr. 90-91, S. 94-95. Das Bündnis richtete sich mitnichten gegen den Deutschen Orden, es war eine Reaktion auf den immer mehr gegen das Abendland vordringenden gemeinsamen Feind, die osmanischen Türken, die nicht nur Ungarn, sondern auch die südlichen Gebiete Polens bedrohten. Vgl. hierzu Hellmann, Das Großfürstentum Litauen bis 1569, S. 760.
[158] Vgl. Boockmann, Falkenberg, S. 93-96.
[159] RTA ÄR 7, Nr. 126, S. 186-87, hier S. 186. Sigmund bezeichnet hier den Deutschen Orden als zum Reich gehörig, was einen Versuch darstellt, seinen Einfluss auf den Ordensstaat zu vergrößern und ihn enger an seine Politik zu binden. Der Orden aber lehnte eine Oberherrschaft mit dem Verweis auf seine Privilegien stets ab.
[160] Weise, Staatsverträge, Bd. 1, Nr. 94, S. 96-99.

ten, dass auch Heiden ein Besitzrecht hätten und dass damit Gebiete des Deutschen Ordens – es ging konkret um das Gebiet Samaiten – als väterliches Erbe an Witold zurückgegeben werden müssten. Die Ordensvertreter behaupteten dagegen, dass Heiden „gar kein anderes Recht haben als jenes, welches ihnen durch Privilegien des Ordens zugestanden worden sei."[161] In den weiteren Verhandlungen wurden den polnischen Vertretern erstmals die Gründungsurkunden des Deutschen Ordens vorgelegt. Die Ordensvertreter wiesen auf die dem Orden zugestandenen Privilegien hin und vertrauten in diesem Verfahren ganz auf deren Wirksamkeit. Die Polen erklärten jedoch die entsprechende päpstliche Urkunde für ungültig, da sie unter Vorspiegelung falscher Tatsachen erschlichen worden sei.[162] Die kaiserliche Gründungsurkunde sei ebenfalls ungültig, da die heidnischen Litauer den Kaiser nicht anerkannt hätten und dieser daher kein Recht über sie gehabt habe. Sie hinterfragten also den universellen Anspruch des Kaisers und damit dessen Verfügungsgewalt über die Heiden.[163] Bereits in diesen Verhandlungen entwickelten die Polen eine argumentative Grundlage, von der aus die Ansprüche des Ordens bekämpft werden konnten und dieser aus Preußen und Livland vertrieben werden konnte.[164]

Die Ordensvertreter fühlten sich von Benedict von Macra ungerecht behandelt und warfen diesem vor, dem „Zeugnis von Heiden größeren Glauben zu schenken als dem von Ordensangehörigen."[165] Das schiedsgerichtliche Verfahren scheiterte schließlich im Sommer 1413 daran, dass die Ordensvertreter den königlichen Beauftragten als befangen ablehnten. Der tatsächliche Grund wird aber wohl die wirksame kanonisch-rechtliche Argumentationsweise der Polen gewesen sein, der die Ordensvertreter nichts Vergleichbares entgegenzusetzen hatte.

Die Zurückweisung Benedicts von Macra seitens des Deutschen Ordens blieb in der propagandistischen Auseinandersetzung nicht ohne Folgen. Die polnische Seite stellte den Orden nun ihrerseits als Rechtsverweigerer dar, eine Anschuldigung, wie sie der Deutsche Orden unmittelbar nach der Schlacht bei Tannenberg auch gegen den polnischen König erhoben hatte. Der Orden reagierte darauf mit einer Flut an Ausschreiben, „welche sich auf der alten propagandistischen Linie bewegten, [und] die Polen wegen eines erneuerten Heidenbündnisses[166]

---

[161] Boockmann, Falkenberg, S. 105.
[162] Vgl. ebenda, S. 109.
[163] Vgl. ebenda, S. 110.
[164] Vgl. ebenda, S. 111.
[165] Vgl. Biskup/Labuda, Die Geschichte des Deutschen Ordens in Preußen, S. 401.
[166] Am 2. Oktober 1413 beschlossen Władysław und Witold in Horodło ein Abkommen, das den litauischen Adel mit dem polnischen gleichstellte und damit die polnisch-litauische Union noch weiter festigte. Vgl. hierzu Hellmann, Das Großfürstentum Litauen bis 1569, S. 760.

und der Absicht, den Orden zu beseitigen, verklagten sowie vor allem auf Zuzug, sei es von Kreuzfahrern, sei es von Söldnern zielten."[167]

Władysław bezog in seinen Ausschreiben Stellung zu den Vorwürfen des Ordens und wies die Anschuldigung, „dass Polen heidnische Heere sammle und den Orden auszurotten beabsichtige[, zurück]. Vielmehr habe der König seit seiner Taufe die Feinde Christi verfolgt. Der Orden dagegen habe den Richter König Sigmunds zurückgewiesen und mit seinen Söldnern, *,quorum miltitudinem contra nos falsa predicantes suspicia ad terras ipsorum contraxerunt'*, zahllose Kriegsgreuel begangen."[168]

Die Folgen der Schlacht bei Tannenberg belasteten die Finanzkraft des Ordens schwer. Neben den hohen Summen, mit denen man sich das Wohlwollen der Könige Wenzel und Sigmund erkauft hatte, verschlechterte insbesondere die für die Räumung der Burgen und die Auslösung der Gefangenen zu zahlende Kontribution von 100 000 Schock böhmischer Groschen die Liquidität des Ordensstaates.[169] Der polnische König aber drängte auf die pünktliche Zahlung der Raten und drohte unverhohlen mit Krieg, sollte der Orden die im Thorner Frieden festgelegten Zahltage versäumen.[170]

In diesem Zusammenhang muss die Äußerung des Römischen Königs eingeordnet werden, dass das, was dem ‚festen Schild der ganzen Christenheit' geschehe, auch ihm, dem Römischen König, dem Reiche und der ganzen Christenheit geschehe.[171] Auch der französische König Karl VI. ermahnte den polnischen König: „Daher ersuchen wir Euch mit allem uns möglichen ernstlichen Nachdruck und bitten Euch gelegentlich […] Stärke und Kraft den Abmachungen des genannten Abkommens und ewiggültigen Friedensschluss in unverletzlicher Weise angedeihen lassen, wie es das Rechtsgefühl verlangt."[172]

Beide Konfliktparteien erhielten ihre Propagandaaktivitäten aufrecht und blieben ihrer argumentativen Linie treu. Neben den Ausschreiben entsandte der Deutsche Orden nun sogar eine Gesandtschaft ins Reich, deren Schreiben sich durch eine besondere Schärfe auszeichneten.[173]

---

[167] Boockmann, Falkenberg, S. 112. Hochmeister Heinrich von Plauen stand beispielsweise in engem Kontakt mit dem Burggrafen Friedrich von Nürnberg. Diesen unterrichtete er über das Verhältnis zu Polen-Litauen und über einen drohenden Überfall. Vgl. hierzu Neitmann, Klaus: Der Deutsche Orden und die Anfänge der ersten Hohenzollern in der Mark Brandenburg. Eine kommentierte Quellenedition, in: Dona Brandenburgica. Festschrift für Werner Vogel zum 60. Geburtstag (= Jahrbuch für brandenburgische Landesgeschichte 41), Berlin 1990, S. 108-140, hier S. 135-136.
[168] Boockmann, Falkenberg, S. 114.
[169] Vgl. Ekdahl, Tannenberg, S. 8.
[170] Vgl. Zimmerling, Ritterorden, S. 263.
[171] Vgl. ebenda, S. 265.
[172] Ebenda, S. 265.
[173] Vgl. Boockmann, Falkenberg, S. 113.

Sigmund bestellte im Januar 1414 beide Parteien nach Ofen und wies darauf hin, dass der Schiedsspruch noch nicht abgeschlossen sei. Doch der Orden scheute ein Urteil königlicher Bevollmächtigter. Władysław jedoch bestand auf eine Fortsetzung des Verfahrens, welches aufgrund der Zurückweisung Benedicts von Macra seitens des Ordens unterbrochen worden war, denn er erhoffte sich ein für Polen günstiges Urteil. Da aber einer der beiden Richter erkrankte, gelang es nicht, vor Ablauf der Frist am 24. Juni einen Schiedsspruch zu fällen.[174] Nach der Kriegserklärung am 18. Juli marschierte das polnisch-litauische Heer in Preußen ein, der Orden aber mied der Erfahrungen in Tannenberg wegen eine offene Feldschlacht und hielt nur die Burgen besetzt. Diese Strategie erwies sich als erfolgreich und führte abermals zu einer Pattsituation, die den polnischen König am 8. Oktober 1414 in Strasburg zur Annahme des Waffenstillstandangebotes zwang.[175] Sigmund, der beide Seiten zum Frieden mahnte, forderte Władysław und Witold auf, die Kriegshandlungen zu beenden und drängte darauf, den Streit durch einen endgültigen Schiedsspruch auf dem Konzil beizulegen.[176] Dem willigte auch der Deutsche Orden ein, denn da sich auch der Papst weigerte[177], eindeutig Position zugunsten des Ordens zu beziehen, blieb ihm keine andere Wahl, als einer schiedsgerichtlichen Lösung in Konstanz zuzustimmen.[178]

---

[174] Vgl. ebenda, S. 117.
[175] Vg. Biskup/Labuda, Die Geschichte des Deutschen Ordens in Preußen, S. 401f.
[176] Vgl. Frenken, Ansgar: Die Erforschung des Konstanzer Konzils (1414-1418) in den letzten 100 Jahren, Paderborn 1996, S. 209, Anm. 11.
[177] Der Generalprokurator Peter von Wormditt hatte sich Ende Juni 1414 vergeblich dafür eingesetzt, dass der Papst dem polnischen König unter Androhung des Bannes befehlen sollte, den Frieden zu wahren. Vgl. hierzu Berichte der Generalprokuratoren, Bd. 2, Nr. 103, S. 212-214.
[178] Der zweijährige Waffenstillstand, dessen Bestätigung durch den Hochmeister sowie die Vollmacht der Ordensgesandten in voller Länge: Weise, Staatsverträge, Bd. 1, Nr. 105, S. 107-109.

4   Die theologische Auseinandersetzung auf dem Konzil von Konstanz (1414-1418)

4.1   Die Fortsetzung des Schiedsverfahrens in Konstanz

Die Reichstagsstadt Konstanz war in den Jahren 1414-1418 Austragungsort des Konzils, welches Sigmund einberufen hatte, um sowohl das Schisma zu beenden als auch die Kirchen- und Reichsreform gleichzeitig vorantreiben zu können. „Die Gleichzeitigkeit von Konzil und Reichstag [sollte] die alte Einheit von Imperium und Sacerdotium eindrucksvoll demonstrieren" und damit „natürlich auch Sigismunds imperialen Anspruch."[179] Der Römische König und das Konzil sollten als Schiedsrichter, wie es im Strasburger Waffenstillstand vereinbart worden war, das im August 1412 in Ofen eingeleitete Schiedsverfahren zu einem gütlichen Ende bringen und damit den preußisch-polnischen Streit endgültig beilegen.

Das schiedsgerichtliche Verfahren war im Grunde eine Fortsetzung der bereits unter dem Vorsitz Benedicts von Macra begonnenen Verhandlungen, was auch an der Besetzung der nach Konstanz entsandten Delegationen zu erkennen ist. Die prominentesten Vertreter der polnischen Gesandtschaft waren der Erzbischof von Gnesen, Nikolaus Traba, der Bischof von Posen, Andreas Lascari, sowie der Rektor der Universität Krakau, Paulus Wladimiri. Auf der Seite des Deutschen Ordens waren dies der enge Vertraute Sigmunds, der Erzbischof von Riga, der Deutschmeister Konrad von Egloffstein sowie der Generalprokurator Peter von Wormditt.[180]

Als die polnische Gesandtschaft am 29. Januar 1415 in Konstanz eintraf, hatte die Ordenspropaganda bereits ihre volle Wirkung erreicht. Der Mordbrand von Gilgenburg, das Blutbad von Tannenberg und die Verwüstung Preußens im Jahre 1415 waren durch die wirksamen Ausschreiben allen Konzilsteilnehmern bekannt geworden. Der polnischen Propaganda war es offensichtlich nicht gelungen, diesen Anschuldigungen in ausreichender Weise entgegenzuwirken. Die Polen mussten sich daher in Konstanz als Angeklagte fühlen.[181]

Das vorrangige Ziel der Polen bestand zu dieser Zeit darin, einen Frieden unter Bestätigung der alten Grenzen zu verhindern. Es sollten also dieselben Ziele erreicht werden wie bereits in den Verhandlungen unter dem Vorsitz Benedicts von Macra zwei Jahre zuvor.

Noch bevor die Verhandlungen mit Sigmund begonnen hatten, musste die Gesandtschaft des Ordens einen herben Rückschlag hinnehmen: Dem Deutschen Orden wurden in einer Bulle

---

[179] Brandmüller, Walter: Das Konzil von Konstanz 1414-1418, Bd. 2, Paderborn u.a. 1997, S. 151.
[180] Vgl. Boockmann, Falkenberg, S. 198.
[181] Nieborowski, Paul: Der Deutsche Orden und Polen in der Zeit des größten Konfliktes, Breslau 1924, S. 137f.

des Papstes Johannes XXIII. vom 17. Januar 1415 alle Rechte über Land und Leute Litauens und Russlands entzogen, die ihm durch kaiserliche und päpstliche Privilegien übertragen worden waren.[182] Der Papst begründete seine Entscheidung damit, dass „der polnische König und der Großfürst von Litauen und alle ihre Länder [...] nach dem Willen des Herrn aber nicht durch Gewalt oder mit Hilfe des Ordens bekehrt worden [seien]."[183] Tatsächlich war die Bulle durch eine hohe Summe erkauft worden[184], eine gängige Praxis zu dieser Zeit, die die Polen weitaus umfangreicher betreiben konnten als der finanziell angeschlagene Deutsche Orden. Nur wenige Tage darauf übertrug der Papst diese Rechte dem polnischen König, den er zum Generalvikar machte, damit dieser die Heiden missioniere und die Schismatiker zurück in die katholische Kirche führe, um einen Beitrag zur Kirchenunion zu leisten. Dass die Bullen des Papstes dem Deutschen Orden keinen größeren Schaden zufügten, verdankte dieser der Absetzung des Papstes, womit die Urkunde zumindest politisch gegenstandslos wurde.[185]

Die preußisch-polnische Streitsache wurde in den ersten Monaten nach der Ankunft beider Gesandtschaften kaum verhandelt. Sigmund war zunächst mit den Kernaufgaben des Konzils beschäftigt und hatte nach der plötzlichen Flucht Johannes' XXIII. nur mit großer Mühe das Konzil beisammen halten können. Daher entschloss sich der Römische König am 11. Mai, zur Schlichtung des Streites das Konzil einzuschalten. Eine Kommission unter dem Vorsitz des Kardinals Zabarella und mit je zwei Vertretern der vier *nationes*[186] wurde eingesetzt, die eine *concordia* zustande bringen sollte.[187]

Am 13. Juli tagte unter dem Vorsitz des Römischen Königs der Generalausschuss des Konzils, dem auch Andreas Lascari sowie Peter von Wormditt angehörten. Sigmund bemühte sich, die beiden Parteien zur Einhaltung des Strasburger Waffenstillstands zu bewegen, doch Andreas Lascari machte dies von Gebietsabtretungen, die im Ofener Frieden zugesagt worden waren, aber unter der Vermittlung Bendedicts von Macra nicht erreicht werden konnten, abhängig, worauf Peter von Wormditt erregt forderte, dass der Ofener Frieden als Ganzes umgesetzt werden sollte, was die Polen stets verweigert hatten. Eine Annäherung schien wie beim Vermittlungsversuch zwei Jahre zuvor schwierig.[188]

---

[182] Vgl. Brandmüller, Das Konzil von Konstanz, S. 152.

[183] Boockmann, Falkenberg, S. 199.

[184] Vgl. Nieborowski, Der Deutsche Orden und Polen, S. 140.

[185] Vgl. Boockmann, Falkenberg, S. 201.

[186] Beim Konzil von Konstanz nahmen die vier *nationes* Italica, Gallicana, Germanica und Anglica. Der *natio* Germanica gehörten neben Skandinavien, Böhmen, Ungarn und Kroatien auch Polen und Litauen sowie der Deutsche Orden.

[187] Ob die Kommission überhaupt jemals tätig geworden ist, lässt sich nicht nachweisen. Vgl. hierzu. Boockmann, Falkenberg, S. 202.

[188] Vgl. Nieborowski, Der Deutsche Orden und Polen, S. 153.

In dieser verfahrenen Situation stellte der Generalprokurator dem Posener Bischof Lascari die Frage, *„ab sy irkennen unsern gnedigen herren romischen koning etc. und das heilige reych vor eren obirsten, also das her mochte sein ein volfulger seynis orteyls, noch deme das die czeit in deme ussproche vorgangin ist."*[189] Diese zweideutige Frage interpretierte Sigmund dahingehend, dass er beide Parteien fragte, *„ab sy irkenten das reych vor yren obirsten."*[190] Lascari entgegnete, dass sein König *„eyn fryer koning"* sei, und ehe Peter von Wormditt antworten konnte, musste er sich von Sigmund vorwerfen lassen, *„czu keyme rechte"* stehen zu wollen, sich dem *„keyser"* durch die Berufung auf den Papst und diesem durch die Berufung auf das *„reych"* zu entziehen.[191] Mit diesen Worten traf Sigmund „im Grunde genau das Wesen dieses merkwürdigen staatlichen Gebildes, das im Grunde nur in dieser unklaren und schwankenden Stellung zwischen den beiden universalen Mächten zu behaupten war."[192] Der Generalprokurator gab nach einer kurzen Unterredung folgende Antwort: „Allerdurchlauchtigster Fürst, ehrwürdige Väter in Gott! Wie der Orden immer der Kirche und dem heiligen Reiche untertan war, so untergibt er sich nun vollständig dem Gericht der Kirche, des heiligen Konzils und dem heiligen Reiche!"[193] Diese Antwort erfreute sowohl den Römischen König als auch die anwesenden Konzilsväter. Die Polen aber scheuten eine konkrete Antwort und erklärten lediglich, dass ihr König *eyn fryer koning* sei. Eine Antwort bezüglich einer Anerkennung des Römischen Königs als Schiedsrichter blieben sie schuldig, sie wollten sich nicht der Gefahr aussetzen, mit dieser Entscheidung ebenfalls die Zugehörigkeit Polens zum Heiligen Römischen Reich anzuerkennen.

Die Polen hatten in dieser Phase der Verhandlungen deutlich an Sympathie bei den Konzilsvertretern verloren, die Ordensvertreter dagegen erfreuten sich sowohl dem Lob des Römischen Königs als auch einer nun deutlich günstigeren Stimmung des Konzils.[194]

Wenige Tage darauf, am 16. Juli 1415, gaben schließlich auch die Polen ihr Einverständnis, sich allein dem Schiedsspruch Sigmunds zu unterwerfen. Dieser drängte die Gesandtschaft nun, ihre territorialen Ansprüche an den Orden nun auch rechtlich entscheiden zu lassen. Dies lehnten die Polen jedoch ab, denn bei einem Verfahren ,nach Recht' wäre den Privilegien des Ordens eine größere Bedeutung zugekommen als bei den von der polnischen Delegation favo-

---

[189] Boockmann, Falkenberg, S. 203.
[190] Ebenda, S. 204.
[191] Vgl. Berichte der Generalprokuratoren, Bd. 2, Nr. 121, S. 251-256, hier. S. 253.
[192] Hellmann, Grundlagen, S. 124.
[193] Nieborowski, Der Deutsche Orden und Polen, S. 154.
[194] Vgl. Jähnig, Bernhart: Johann von Wallenrode O.T. Erzbischof von Riga, Königlicher Rat, Deutschordensdiplomat und Bischof von Lüttich im Zeitalter des Schismas und des Konstanzer Konzils (um 1370-1419), Bonn 1970, S. 204.

risierten *fruntliche berichtunge*.[195] Am Ende einigte man sich schließlich auf den Römischen König als Schiedsrichter gemäß dem Wortlaut des Strasburger Waffenstillstandes, allerdings mit dem Zusatz, dass dieser „mit Rat und Hilfe des heiligen allgemeinen Konzils oder des künftigen Papstes"[196] unterstützt werden sollte.

4.2 Die Anklagen vor der Generalkongregation

Die ersten Monate waren für die polnische Gesandtschaft recht enttäuschend verlaufen. Es war nicht gelungen, den Römischen König wie auch das Konzil den polnischen Interessen gegenüber günstig zu stimmen. Immerhin konnte ein frühzeitiger Schiedsspruch Sigmunds verhindert werden. Da während der Abwesenheit des Römischen Königs das Schiedsverfahren ruhte, untersagte er den beiden streitenden Parteien, dass keine die andere in öffentlichen Verhandlungen des Konzils angreifen möge.[197]

Die Polen aber gingen entgegen den Weisungen des Römischen Königs in die Offensive und machten sich sogleich nach der Abreise des Königs daran, ihre Ausgangsposition bis zur Rückkehr Sigmunds zu verbessern. Die bereits gegen Ende 1410 in ihren Grundzügen abgeschlossene polnische Propaganda sollte nun der höchst sachverständigen Konzilsöffentlichkeit vorgetragen werden. Als Beweis für die Missionsbemühungen des polnischen Königs sollte eine Gruppe von Samaiten, die bereits am 29. November 1415 mit einer polnischen Gesandtschaft in Konstanz eingetroffen war, ihre Erfahrungen mit dem Deutschen Orden schildern, was den Anschuldigungen gegen den Orden eine größere Wirkung verschaffen sollte. Die Ordensvertreter nahmen von den regen Vorbereitungen der Polen indes keine Notiz. Zunächst war das Konzil jedoch nicht bereit, den Ausführungen der der Polen Gehör zu schenken. Die Anwesenheit getaufter Samaiten änderte aber die anfängliche Auffassung des Konzils.[198]

Am 13. Februar 1416, also noch vor der Rückkehr Sigmunds, erhielten die Polen die Gelegenheit, ihre Anklage der Generalkongregation vorzutragen, womit sie die Ordensdelegation überrumpelten.[199] Die Anklage stellte einen Angriff auf die Rechtsposition des Ordens dar. Zuerst kamen die Samaiten zu Wort, die ihre Situation schilderten: Sie seien seit 1387 zu ei-

---

[195] Vgl. Boockmann, Falkenberg, S. 205.
[196] Nieborowski, Der Deutsche Orden und Polen, S. 156.
[197] Vgl. ebenda, S. 158.
[198] Demurger, Alain: Die Ritter des Herrn. Geschichte der geistlichen Ritterorden, aus dem Französischen von Wolfgang Kaiser, München 2003, S. 287.
[199] Vgl. Berichte der Generalprokuratoren, Bd. 2, Nr. 134, S. 281-283.

nem großen Teil getauft und gläubige Christen, sie seien Freie und niemandes Menschen untertan, trotzdem unterlasse es der Orden nicht, ihnen an Besitz und Freiheit schädigen zu wollen, vielmehr fahre dieser fort, sie zu bedrücken anstatt um ihr Seelenheil besorgt zu sein. „Zwar seien sie Christen, doch bedürften sie dringend eingehenden religiösen Unterrichts, den ihnen der Orden jedoch vorenthalte. Mehr als zweihundert litauische[200] Kinder seien zudem von den Brüdern als Geiseln genommen worden, und dies sei ihnen nicht genug! Auch hätten sie junge Frauen entführt und ihnen Gewalt angetan. Selbst die Verbrennung zweier Frauen sei zu beklagen, von Gefangennahmen und Deportationen ganz zu schweigen […].“[201] Des Weiteren habe der Orden die Christianisierung der noch nicht Getauften hinausgezögert, keine Kirchen errichtet und keine Priester nach Samaiten geschickt. Das Konzil möge daher die Gründung eines Bistums veranlassen und die Seelsorge einrichten.[202]

Der zweite Teil der Anklage wurde von den polnischen Gesandten vorgetragen. Die sogenannte *Proposito Polonorum contra Ordinem* war in ihrem Ton deutlich schärfer als die Anklage der Samaiten.[203] Der Ausgangspunkt der polnischen Anklage war der Vorwurf, dass es einen „Widerspruch zwischen der eigentlichen Stiftungsaufgabe des Ordens und dessen tatsächlicher Wirksamkeit“[204] gebe. Anstatt die Heiden mit aller Anstrengung zu missionieren, stelle der Deutsche Orden „ein einziges Hindernis für die Ausbreitung des Christentums“[205] dar. Bekräftigt wurde die Anklage durch Schilderungen von Gräueltaten der Ordensritter, die Priester bei der Taufspendung überfallen und diese wilden Tieren zum Fraß vorgeworfen hätten. Auch der Hochmut des Ordens wurde am Beispiel der Schwertübergabe kurz vor der Schlacht bei Tannenberg deutlich gemacht, der polnische König als ein *rex iustus* bezeichnet und die Schlacht bei Tannenberg ein *bellum iustum* genannt.[206] Von den Ordensrittern wurde ein Bild gezeichnet, welches sie als *ministri* des Teufels darstellte.[207] Deutlicher konnte der Widerspruch zwischen Sendung und Wesen nicht demonstriert werden.

In weiteren Ausführungen wurde dem Deutschen Orden ein Bündnis mit Heiden, Schismatikern und Tataren vorgeworfen. Dies überrascht insofern, als dass dieses Argument im Zentrum der Ordenspropaganda stand. Die polnischen Gesandten stützten ihre Argumentation auf

---

[200] Gemeint sind die samaitischen Kinder. Samaiten wird auch als Niederlitauen bezeichnet.
[201] Brandmüller, Das Konzil von Konstanz, S. 158.
[202] Vgl. Boockmann, Falkenberg, S. 219. Die Anklagepunkte in aller Ausführlichkeit bei Nieborowski, Der Deutsche Orden und Polen, S. 173-175. Bereits im Jahre 1407 hatte der polnische König eine Gesandtschaft mit Samaiten ins Reich geschickt, die mit denselben Anschuldigungen schon damals den Deutschen Orden als Hindernis der Mission dargestellt hatten. Vgl. hierzu Boockmann, Falkenberg, S. 81.
[203] Vgl. Ekdahl, Tannenberg, S. 209-216.
[204] Boockmann, Falkenberg, S. 220.
[205] Ebenda, S. 220.
[206] Die Schwertübergabe wurde sehr ausführlich behandelt. Vgl. hierzu Nieborowski, Der Deutsche Orden und Polen, S. 171.
[207] Vgl. Boockmann, Falkenberg, S. 220.

die Arbeiten Stanislaw Skarbimierz', der zu jenen Krakauer Gelehrten gehörte, die die Schlacht bei Tannenberg geistig vorbereitet hatten.[208] Skarbimierz behandelte in diesem Zusammenhang die Fragen, „welche Rechte und Pflichten derjenige habe, der einen Krieg beginne, ferner, welches die Vorraussetzungen für einen ,gerechten' Krieg seien, sowie die Folgen von gerechten und ungerechten Kriegen."[209]

Genau diese Argumentation Skarbimierz' griff die polnische Gesandtschaft in ihrer Anklage auf, um die zentrale Anschuldigung des Ordens zu entkräften. Des Weiteren begründeten die Polen, dass die im polnisch-litauischen Heer eingesetzten Heiden Untertanen des polnisch-litauischen Reiches seien und bei der Unterwerfung ungläubiger Staaten eingesetzt werden dürften, so wie es auch andere christliche Fürsten bereits in der Vergangenheit getan hätten. Viele der im Sommer 1410 mitkämpfenden Heiden seien bereits Christen geworden, die übrigen würden in nicht allzu ferner Zeit die Taufe empfangen. Der Orden aber stachele Heiden zum Krieg auf, die ihm nicht unterworfen seien.[210]

Diese Argumentationslinie darf mitnichten als ein Eintreten für die Rechte von Heiden interpretiert werden. Es sollte vielmehr die Absicht verfolgt werden, „die Rechtfertigung eigener heidnischer Kontingente zu verbinden mit der Möglichkeit, dem Gegner aus der Heidenhilfe trotzdem einen Vorwurf zu machen."[211]

Am Ende der Anklage forderten die Gesandten, den Deutschen Orden dorthin zu versetzen, wo er seiner eigentlichen Aufgabe gerecht werden könne, nämlich an die Grenze der Christenheit.

Die Ordensgesandten erhielten am 23. und 24. Februar ihrerseits die Möglichkeit, vor der Generalkongregation auf die Anschuldigungen zu antworten. In der *Propositio et responsio Ordninis contra Propositionem Polonorum* nahmen die Ordensdelegierten Stellung zu den Anschuldigungen der Polen.[212] Der Vorwurf, dass Ordensritter in Litauen Christen getötet hätten, wurde keineswegs entkräftet, die Gesandten rechtfertigten die Anschuldigung sogar mit der Begründung, dass Christen, die Heiden beistünden, viel schlimmer seien als jene. In

---

[208] Ebenda, S. 175.
[209] Ekdahl, Tannenberg, S. 108f. In den Grundlagen richtete er sich nach dem heiligen Augustinus, indem er die Meinung vertrat, dass nicht alle Kriege zu verurteilen seien. Es gebe auch gerechte Kriege, beispielsweise wenn es sich um Notwehr handele oder wenn ungerechte Christen zu bestrafen seien. Im Gegensatz zu den Kirchenvätern war er aber der Ansicht, dass diese gerechten Kriege unter Beteiligung von Heiden geführt werden dürften. Vgl. hierzu Ekdahl, Tannenberg, S. 110. Er begründete dies folgendermaßen: „Wenn man sich unbeseelter Waffen bedienen dürfe, warum dann nicht solcher Hilfstruppen?" Vgl. hierzu Boockmann, Falkenberg, S. 221.
[210] Vgl. ebenda, S. 220f.
[211] Ebenda, S. 221.
[212] Vgl. Ekdahl, Tannenberg, S. 216-223.

dieser Äußerung wird die vorherrschende Vorstellung des *bellum iustum*, die auf den heiligen Augustinus zurückgeht, sehr deutlich.[213]

Die Anschuldigung der Samaiten, der Orden sei seiner eigentlichen Aufgabe in Samaiten nicht nachgekommen, versuchte man mit der Behauptung zu begegnen, dass Witold alle Versuche, das Land zu befrieden, vereitelt und für ständige Unruhe gesorgt habe. In solch einer Situation sei eine konsequent durchgeführte Christianisierung nicht möglich gewesen. Was aber der Deutsche Orden im Stande sei zu bewirken, demonstrierte die Ordensgesandtschaft am Beispiel des blühenden Landes Preußen.[214]

Ihre Verteidigung schlossen sie mit dem Hinweis auf ihre eigene Bereitschaft ab, das Urteil des Römischen Königs zu akzeptieren und sich der Reform durch das Konzil zu unterwerfen. Am Ende baten sie die Konzilskongregation, dass sie die Polen auf den Thorner Frieden zurückführen möge.[215]

Eine abermalige Verteidigung durch die polnische Gesandtschaft wurde von der Kongregation nicht zugelassen, was Peter von Wormditt auf den „vollen Erfolg [...] der Replik auf die polnisch-samaitischen Anklagen"[216] zurückführte. Der Orden sei „*czu grossen eren*"[217] gekommen. Den Ordensvertretern war es offenbar gelungen, den eigenen Standpunkt der Konzilsöffentlichkeit darzulegen.

Die Anklage der Polen und die darauf folgende Verteidigung des Ordens hatten ohne Wissen Sigmunds das unterbrochene Schiedsverfahren in einen förmlichen Prozess vor dem Konzilsforum umgewandelt.[218] Die Polen waren als Ankläger des Ordens vor das Konzil getreten und hatten damit den Orden in die Verteidigung gedrängt. Die Rollen waren also verteilt und die Initiative lag bei den Polen. Dem Orden blieb nur die Möglichkeit, sich so gut es ging auf die folgenden polnischen Angriffe vorzubereiten.[219]

---

[213] Vgl. Brandmüller, Das Konzil von Konstanz, S. 160.
[214] Vgl. ebenda, S. 160.
[215] Vgl. Boockmann, Falkenberg, S. 223.
[216] Berichte der Generalprokuratoren, Bd. 2, Nr. 150, S. 308-311, hier S. 308.
[217] Ebenda, Nr. 150, S. 308-311, hier S. 309.
[218] Vgl. Brandmüller, Das Konzil von Konstanz, S. 158.
[219] In der Zwischenzeit war es Sigmund in Paris gelungen, den Waffenstillstand von Strasburg um ein weiters Jahr zu verlängern. Der Vertrag inklusive der Vorakten sind abgedruckt in: Weise, Staatsverträge, Bd. 1, Nr. 113-115, S. 114-116.

4.3 Die Anklage durch Paulus Wladimiri

Mit der Anklage gegen den Deutschen Orden vor der Konzilskongregation im Februar 1416 hinterfragten die Polen ganz offen, ob ein Krieg gegen Ungläubige per se rechtmäßig sei. Diese Argumentation gab den Polen die Möglichkeit, die Rechtmäßigkeit der Ordensmission anzuzweifeln, um schließlich die Existenzberechtigung des Deutschen Ordens grundsätzlich in Frage zu stellen.

In dieser Situation rüsteten sich die Polen, allen voran der Kanzler des polnischen Königs, Paulus Wladimiri, die Februardebatte fortzusetzen. Wladimiri war der Wortführer der polnischen Delegation sowie Rechtsgelehrter und Rektor der Universität Krakau und damit eine der wichtigsten Persönlichkeiten der damaligen polnischen geistigen Welt.[220] Damit gehört er zu jenem Gelehrtenkreis, der, wie auch Stanislaw von Skarbimierz, dem polnischen König bei seinem Kampf gegen den Deutschen Orden zur Seite stand. Unter der Führung Wladimiris sollte der Konflikt zwischen dem Deutschen Orden und Polen-Litauen nun mit den Mitteln der Wissenschaft „in eine grundsätzliche Dimension vorangetrieben"[221] werden. Die polnischen Gelehrten wollten den Streit in Anknüpfung an die Vermittlung Benedicts von Macra auf eine wissenschaftliche Ebene verlagern. Dem Orden sollten nicht mehr konkrete Unrechtshandlungen vorgeworfen werden, um dessen Verhandlungsposition zu schwächen, vielmehr sollten nun die Grundlagen der Ordensherrschaft in einem sogenannten *processus doctrinalis* bekämpft werden, um die Unrechtmäßigkeit seiner Existenz zu beweisen.

Die Traktate[222], inbesondere die *52 Conclusiones*, welche Wladimiri zu diesem Zweck ausarbeitete, nahmen wissenschaftliche Diskussionen auf, die bereits zu Beginn des 13. Jahrhundert geführt worden waren, also zu jener Zeit, als die Privilegien, auf die der Deutsche Orden seine Herrschaft im Baltikum stützte, erteilt worden waren. Inhalt dieser Diskussionen waren die Rechte von Heiden, die Verfügungsgewalt über diese Rechte seitens des Kaisers und des Papstes und die Frage, ob es rechtens sei, Heiden unter Zwang zu missionieren und sich deren Land anzueignen. Thomas von Aquin hatte im 13. Jahrhundert entgegen den Lehren des Kirchenvaters Augustinus in seiner *lex naturalis* für die Existenz heidnischer Rechte Stellung bezogen.[223]

---

[220] Vgl. Ekdahl, Tannenberg, S. 206.

[221] Boockmann, 12 Kapitel, S. 204.

[222] Boockmann vermutet, dass ein Großteil der Traktate die Konzilsöffentlichkeit wohl nie erreicht hat. Vgl. hierzu Boockmann, Falkenberg, S. 217. Die Traktate in editierter und kommentierter Fassung in: Die Staatsschriften des Deutschen Ordens in Preußen. Erster Band: Die Traktate vor dem Konstanzer Konzil (1414-1418) über das Recht des Deutschen Ordens im Lande Preußen, bearb. von Erich Weise (= Veröffentlichungen der Niedersächsischen Archivverwaltung, 27), Göttingen 1970.

[223] Stefan Kwiatkowski hat die Zusammenhänge zwischen dem thomistischen Naturgesetz und der polnischen Argumentation ausführlich ausgearbeitet. Vgl. hierzu Kwiatkowski, Stefan: Der Deutsche Orden im Streit mit

Wladimiris weitgefasste Argumentation beruhte letztlich auf der Frage, welche Rechte Ungläubige haben. Dabei verneinte er die auf Hostiensis zurückgehende Lehrmeinung, dass Ungläubige keine Herrschaftsrechte hätten, um den Anspruch des Ordens, heidnisches Land zu erobern, als illegal zu erweisen.

Wladimiri griff in seinen Traktaten die geistigen Grundlagen des Ordens an, indem er behauptete, dass Ungläubige ein Recht auf Souveränität und Eigentum hätten. Er stützte seine Argumentation auf Innozenz IV. und lehnte die von Hostiensis begründete kanonistische Lehrtradition, die den *Infideles* keine eigenen Herrschaftsrechte zuerkannte, ab. Damit verfolgte er das Ziel, die seit fast 200 Jahren vom Deutschen Orden praktizierte Eroberung heidnischen Landes als illegal nachzuweisen. Der Heidenkrieg des Ordens erschien folglich als *supersticio* und schloss den *cultus pietatis* aus.[224]

Da den Polen die Gründungsurkunden des Deutschen Ordens seit dem unter dem Vorsitz Benedicts von Macra fortgesetzten Schiedsverfahren bekannt waren, bezog sich Wladimiri auch auf die kaiserlichen und päpstlichen Privilegien und erklärte diese für ungültig. Er begründete dies damit, dass die Gewalt des Kaisers und des Papstes nur innerhalb der *Christianitas* bestünden, und der Kaiser daher kein Recht habe, Verfügungen über heidnisches Gebiet zu treffen. Die kaiserlichen Privilegien berechtigten den Deutschen Orden also nicht, Heidenkrieg zu führen und heidnisches Land zu okkupieren. Daraus ergebe sich die Konsequenz, dass das Land, welches der Orden im Baltikum erworben habe, geraubt sei und daher zurückgegeben werden müsse.[225] Kaiser und Papst hätten das Recht nur dann, wenn die Ungläubigen die Christen bedrängten und sie an ihrer Religionsausübung hinderten. Wenn der Orden dies nicht anerkenne, mache er sich der Häresie schuldig.[226]

Die Argumentation Wladimiris zielte auf die Beseitigung des Ordens in Preußen und in Livland ab. Dies hatte er bereits zuvor dem polnischen König mitgeteilt. In einem Brief nannte er als Ziel seiner Arbeit die „*finalis exterminacio*" des Ordens, den er als eine „*secta*" bezeichnete, eine „*crudelissima heresis et ideo necessario extirpanda*".[227] Aus den Äußerungen geht eindeutig hervor, dass dem Deutschen Orden dasselbe widerfahren sollte wie dem Templerorden gut 100 Jahre zuvor.

Polen-Litauen. Eine theologische Kontroverse über Krieg und Frieden auf dem Konzil von Konstanz (1414-1418) (= Beiträge zur Friedensethik, 32), Stuttgart 2000, S. 20-25.
[224] Vgl. Boockmann, Falkenberg, S. 228.
[225] Vgl. ebenda, S. 228.
[226] Vgl. Brandmüller, Das Konzil von Konstanz, S. 163.
[227] Vgl. Boockmann, Falkenberg, S. 231.

4.4 Die Verteidigung durch Johannes Falkenberg

Die Anschuldigungen Wladimiris wogen schwer. Der Orden musste sich zur Wehr setzen, um die Kardinäle und Bischöfe von ihrem Recht zu überzeugen. Die Gesandten des Deutschen Ordens hatten sich zu lange auf die Macht ihrer Privilegien verlassen. Die polnischen Vorwürfe mussten nun wirksam entkräftet werden.

Allerdings hatte die Ordensgesandtschaft keine kanonischen Rechtsgelehrten in ihren Reihen, die auf der gleichen wissenschaftlichen Ebene wie die Polen argumentieren konnten.[228] Man hatte sich bis jetzt stets geweigert, auf gelehrtenrechtlichem Niveau zu argumentieren. Dieses Verhalten war bereits in den Verhandlungen des Bendedict von Macra offenkundig geworden, als die Vertreter des polnischen Königs die strittigen Fragen auf theologisch-rechtlichem Wege verhandeln wollten. Bis jetzt war man seiner propagandistischen Linie treu geblieben, Söldner und Kreuzfahrer für seine Position zu gewinnen und nicht gelehrte Gremien.[229]

Im Sommer 1416 erreichten die Traktate Wladimiris auch die Gesandtschaft des Deutschen Ordens. Um auf die Anschuldigungen Wladimiris entsprechend reagieren zu können, sah sich der Generalprokurator Peter von Wormditt gezwungen, kanonistische Rechtsgelehrte zu engagieren, die Gegenschriften verfassen sollten. Solche Auftragsarbeiten von Kanonisten waren allerdings äußerst kostspielig. Der klamme Generalprokurator unterrichtete in zahlreichen Briefen seinen Hochmeister Michael Küchmeister von seiner schwierigen finanziellen Situation und erbat sich immer wieder Geld von diesem.[230] Während die Polen mit Erfolg die Kardinäle und Bischöfe von ihrem Recht überzeugen konnten und viel Geld die Besitzer wechselte, beklagte sich Peter von Wormditt ob der mangelnden Unterstützung des Hochmeisters bei eben diesem mit deutlichen Worten: *„Wyr syn nu alhie umb das ordens gedeyen und vorterben, und do stelet ir uch czu, als ap die sache uch nicht angee."*[231]

Schließlich gelang es dem Generalprokurator, einige Gelehrte für die Abfassung von Gegenschriften zu gewinnen, u.a. den Dominikanerpriester Johannes Falkenberg.[232] Der Orden hatte bereits im Jahre 1412 Bekanntschaft mit dem Dominikanerpriester gemacht. Damals hatte dieser vergeblich versucht, dem Orden seine Streitschrift *Satira* in der Auseinandersetzung

---

[228] Bereits 1386 war die Gründung einer preußischen Universität in Kulm gescheitert.

[229] Vgl. ebenda, S. 195.

[230] Vgl. Berichte der Generalprokuratoren, Bd. 2, Nr. 162-172, S. 332-354. Die Finanznot des Ordens war auch der Tatsache geschuldet, dass der Hochmeister stets Söldner unter Waffen halten musste, da der Beifrieden jeden Sommer auslaufen konnte.

[231] Ebenda, Nr. 171, S. 350-353, hier S. 352.

[232] Neben Falkenberg verfassten auch Dr. Johannes Urbach, Bischof Jacobus Arrigoni von Lodi, Konsistorialadvokat Dominicus de Ponte. Der Kanoniker Dr. Rudolf Arzt sowie Bischof von Ciudad Rodrigo, Andreas de Escobar und ein nicht zu identifizierender Autor Traktate für den Deutschen Orden. Vgl. hierzu Boockmann, Falkenberg, S. 234-237. Die inhaltlichen Zusammenfassungen sowie die editierten und kommentierten Abschriften sind aufgeführt in: Weise, Staatsschriften, Bd. 1, 1970.

mit Polen-Litauen anzubieten.[233] In ihr forderte Falkenberg die Tötung des polnischen Königs und die Vernichtung aller Polen, was wohl selbst dem Orden zu radikal erschienen sein musste. Doch der eigentliche Grund für dessen Ablehnung war, dass der Orden glaubte, keine Verwendung für eine gelehrte Darlegung zu haben.[234]

Im Sommer 1416 verfasste Falkenberg[235] die gegen die Attacke Wladimiris gerichtete Auftragsarbeit *Veteres relegentes historias*[236], die sich stark an die *Satira* anlehnte. In dieser behauptete er, dass die Polen in der Vergangenheit immer wieder zum Heidentum zurückgefallen seien. Der schlimmste Rückfall aber sei der jüngste, der sich darin äußere, dass die Polen predigten, *„quod auxilio infidelium potest princeps Christianus licite fideles devastare“*[237], was Falkenberg als *„error“* bezeichnete. Im Mittelpunkt seines Traktats stand also der Irrglaube, dass ein Bündnis mit Heiden erlaubt sei.

In einem zweiten Schritt wandte sich Falkenberg den Universalgewalten jener Zeit zu. Er behauptete u.a., dass die Amtsgewalt des Kaisers in ihrem Wesen nach nicht der päpstlichen untergeordnet werden dürfe[238], dass der ganze Erdkreis in weltlichen Dingen dem Gebot des Kaiserreichs gehorchen müsse und dass dieser das ganze Heidenreich seiner Gerichtsbarkeit unterziehen dürfe. Daher sei es dem Kaiser kraft seiner Autorität erlaubt, auch gegen friedlich lebende Heiden aus triftigen Gründen Krieg zu führen, was gewöhnlichen Christen nicht zustehe. Folglich dürfe er ihnen nicht nur den Krieg erklären, sondern auch ihr Land nach der Eroberung einziehen.[239]

Diese Thesen lassen sich auch dahingehend deuten, dass sich die Ordensvertreter für die Fortsetzung des Schiedsverfahrens vorbereiten wollten. Mit diesen Argumenten hatte man eine berechtigte Hoffnung, das Wohlwollen des Römischen Königs zu gewinnen, was den polnischen Argumenten wohl kaum gelungen wäre. Diese Argumentation, die auf die Rechtmäßigkeit der kaiserlichen Privilegien abzielte, hatte der Orden bereits in der Vergangenheit gegen Witold vertreten und Falkenberg folgte dieser Linie.[240]

Falkenberg schlussfolgert aus seiner Argumentation, dass die Stiftungsaufgabe des Deutschen Ordens rechtens sei und dieser sowohl Ungläubige als auch Schismatiker sowie die mit Hei-

---

[233] Die *Satira* in editierter und kommentierter Fassung ist abgedruckt in: Weise, Staatsschriften, Bd. 1, S. 163-172.
[234] Vgl. Boockmann, Falkenberg, S. 246.
[235] Falkenberg hatte bereits zu Beginn des Konzils das Interesse des Konzils erregt, als er sich gegen den Erlass des Papstes Johannes XXIII. für die Rechte von Kardinälen und Theologen überhaupt eingesetzt und den Tyrannenmörder Petit verteidigt hatte. Vgl. hierzu Boockmann, Falkenberg, S. 238-242.
[236] Die *Veteres relegentes historias* in editierter und kommentierter Fassung ist abgedruckt in: Weise, Staatsschriften, Bd. 1, S. 172-228
[237] Vgl. ebenda, S. 176.
[238] *„Potestas imperialis non est essencialiter papali ordinata.“* Vgl. hierzu Weise, Staatsschriften, Bd. 1, S. 180.
[239] Vgl. ebenda, S. 174.
[240] Vgl. Boockmann, Falkenberg, S. 68.

den verbündete Polen bekämpfen dürfe.[241] Mit den darauffolgenden Argumenten knüpfte Falkenberg an seine *Satira* an: Die Taufe des polnischen Königs sei nur vorgetäuscht gewesen und dieser bekämpfe die Christenheit nun heftiger als vor seinem Übertritt zum Christentum.[242] Daher erwarte diejenigen, die „*ex caritate*" auf der Seite des Deutschen Ordens gegen die Ungläubigen kämpfen, das „*regnum [...] celeste*".[243]

Im letzten Teil seines Traktats äußerte sich Falkenberg zur polnisch-litauischen Politik. Er entgegnete der These Wladimiris, dass eine Heranziehung heidnischer Untertanen zur Verteidigung erlaubt sei, damit, dass sich die Polen nicht gegen den Angriff eines militärischen Gegners gewehrt, sondern selbst einen Angriff gegen die Kirche geführt hätten.[244] Daher verdienten die Polen und die polnischen Herrscher nicht nur den Verlust ihrer Krone, sondern den Tod, die Knechtschaft und den Verlust aller Güter.[245]

Der Traktat Falkenbergs gleicht in der grundsätzlichen Argumentationslinie den übrigen Gegenschriften, die der Deutsche Orden in Auftrag gegeben hatte. Allen Auftragsarbeiten gemein sind die Auffassungen, dass es keine friedlichen Heiden gebe, diese kein Recht zur Kultausübung und ebenso wenig auf Herrschaft hätten und es daher die Pflicht eines Christen sei, sie ihrer Herrschaften zu entledigen und zum christlichen Glauben zu zwingen. All dies geschehe im Auftrag des Papstes und des Kaisers. Aus dieser Argumentationskette folgt notwendigerweise, dass Heiden unter keinen Umständen von christlichen Fürsten im Krieg eingesetzt werden dürfen.[246]

Die Auftragsarbeiten vertraten nicht nur eine einheitliche Linie, sondern knüpften zudem an die Propaganda des Deutschen Ordens vor dem Konzil an. Der Vorwurf des Heidenbündnisses war bereits nach der Schlacht bei Tannenberg eines der zentralen Argumente des Deutschen Ordens gegen Polen-Litauen gewesen. Mit den Traktaten der Auftragsschreiber ist es dem Deutschen Orden erstmals gelungen, seine Argumentation auf ein theologisches und juristisches Fundament zu setzten.[247] Noch im Jahre 1413 hatte sich der Orden in dem von Benedict von Macra geführten Verfahren beharrlich geweigert, seine Argumentation auf diesem Niveau zu führen. Erst die Anklage Wladimiris hat den Orden gezwungen, seine Argumenta-

---

[241] Vgl. Weise, Staatsschriften, Bd. 1, S. 200.
[242] Vgl. ebenda, S. 203
[243] Vgl. ebenda, S. 205, 207.
[244] Vgl. Boockmann, Falkenberg, S. 245.
[245] Vgl. Weise, Staatsschriften, Bd. 1, S. 224f.
[246] Der einzige Unterschied zwischen Falkenberg und den restlichen Auftragsschreibern des Ordens besteht darin, dass dieser die Todesstrafe für den polnischen König bzw. für das ganze polnische Volk forderte. Die anderen Schreiber forderten lediglich Entschädigung und Wiedergutmachung, sie sind also in ihren Absichten weit weniger radikal als Falkenberg. Vgl. hierzu Boockmann, Falkenberg, S. 257.
[247] Vgl. ebenda, S. 260f.

tion mit Hilfe von Auftragsschreibern auf eine theologisch-juristische Basis zu setzen und sich dieser zu bedienen.

Der Konzilsöffentlichkeit blieben diese Traktate allerdings weitgehend unbekannt. Nur die *52 Conclusiones* Wladimiris, das Konstanzer Traktat und eine unbekannte Schrift Falkenbergs sowie das Werk Urbachs wurden außerhalb der eigenen Kreise bekannt.[248] Doch besonders das Ende 1416 fertig gestellte Traktat Falkenbergs sowie die Anfang 1417 auf dem Konzil bekannt gewordene *Satira*[249] hatten die polnische Delegation in einer Weise herausgefordert, die sie nicht unbeantwortet lassen konnte.[250] Daher entschlossen sich die polnischen Vertreter des Konzils, Falkenberg in einem Häresieprozess anzuklagen, mit der Absicht, damit den Orden zu treffen. Bei einer Verurteilung hätte man die Position des Deutschen Ordens empfindlich erschüttert.

Die Nationen auf dem Konzil waren allerdings nur am Rande an dem Häresieprozess interessiert, hatte man doch mit dem Beitritt der Spanier zum Konzil und dem Prozess gegen Benedikt XIII. und die Diskussionen um die Papstwahl vorrangigere Themen zu behandeln.[251] Ausschließlich in der Gallicana, die bereits im Petit-Prozess in zwei Lager gespalten war und sich Falkenberg auf die Seite Burgunds geschlagen hatte, wurde der Häresieprozess kontrovers diskutiert.[252] Schließlich gelang es der Germanica, allen voran Nikolaus von Dinkelsbühl, eine Verurteilung Falkenbergs zu verhindern.[253] Die Nationen sind abschließend zu dem Ergebnis gekommen, dass die *Satira* nicht häretisch sei und nicht verbrannt werden solle. „Sie sei nur *sapiens heresim* sowie *scandalosa* und *sediciosa* und solle zerrissen und zertreten werden."[254] Mehr als ein Prestigeerfolg konnten die Polen nicht für sich verbuchen. Daher versuchten sie, den neuen Papst, Martin V., unter Androhung, das künftige Konzil mit der causa Falkenberg zu appellieren, zu einem weiteren Vorgehen zu bewegen. Doch der Papst ließ sich auf keine weiteren Schritte ein.

---

[248] Vgl. ebenda, S. 258.

[249] Für die genauen Umstände, wie die *Satira* Ende 1416 nach Konstanz gelangte, vgl. Boockmann, Falkenberg, S. 263, Anm. 352.

[250] Vgl. Brandmüller, Das Konzil von Konstanz, S. 169.

[251] Vgl. ebenda, S. 171.

[252] Vgl. Boockmann, Falkenberg, S. 265-279.

[253] Vgl. ebenda, S. 279-282.

[254] Ebenda, S. 282.

4.5 Die Endphase des Konzils

Seit der Unterbrechung des Schiedsverfahrens im Spätsommer 1415 hatte sich der Streit zwischen dem Deutschen Orden und Polen-Litauen auf dem Konzil fortgesetzt. Dieser mündete schließlich in einem Lehrmeinungsprozess, welcher wiederum von einem Häresieprozess gegen Falkenberg abgelöst wurde.

In der Abwesenheit Sigmunds hatte sich die Lage des Ordens auf dem Konzil zunehmend verschlechtert. Sigmund, der in dem Schiedsverfahren immer auch seine eigenen Interessen vertrat, hatte kurz vor der Verlängerung des Waffenstillstandes 1416 seine wichtigsten Vertreter zum Hochmeister gesandt, um diesem die Zustimmung zu drei wichtigen Komplexen abzuringen. Er wollte erreichen, dass der Hochmeister die Lehnshoheit des Reiches über den Deutschen Orden anerkannte, dass die an Polen verpfändete Zips zu seinen Gunsten ausgelöst und dass ihm die Neumark ohne Anrechnung der bereits bezahlten Pfandsummen zurückgegeben wurde.[255] Der Hochmeister des Deutschen Ordens, Michael Küchmeister, war aber nur bereit der letzten Forderung nachzukommen, was Sigmund jedoch erst nach der Verlängerung des Waffenstillstandes 1416 erfuhr. Das Verhältnis zum Römischen König und Schiedsrichter des Verfahrens gegen Polen-Litauen war folglich belastet. Folgender Dialog verdeutlicht die unvereinbaren Interessenlagen: Auf die Frage Sigmunds, „ob der Orden denn unter dem Reich oder unter der Kirche stehe“, hatte ein Konstanzer Ordensgesandter geantwortet, „*das der orden sei beide under der kirchen und och under dem reiche*“. Darauf entgegnete Sigmund, dass er dann „*seime bruder*“[256], dem polnischen König helfen müsse. In diesem Kontext stehen auch die seit 1416 engeren Verbindungen Sigmunds zu Polen-Litauen und der Kalmarer Union, die ihrerseits ein gegen den Deutschen Orden gerichtetes Bündnis geschlossen hatten.[257] Die Lage des Ordens war prekär und sie wurde prekärer, nicht nur wegen der jetzt deutlich sichtbaren Entfremdung zwischen dem Orden und dem Römischen König, sondern auch wegen des von Polen angestrengten Häresieprozesses gegen Johannes Falkenberg.[258]

Die Gesandtschaft des Ordens befand sich im Sommer 1416 in einer Situation, in der eine Fortsetzung des Schiedsverfahren für den Deutschen Orden äußerst nachteilig gewesen wäre. Daher versuchte man, die Fortsetzung des Verfahrens zu unterbinden und sich dem Konzil als Richter zu unterwerfen, eine Möglichkeit, die sich der Orden ausdrücklich offengehalten hat-

---

[255] Vgl. Hoensch, Jörg Konrad: König/Kaiser Sigismund, der Deutsche Orden und Polen-Litauen. Stationen einer problembeladenen Beziehung, in: Zeitschrift für Ostmitteleuropa-Forschung 46 (1997), S. 20.
[256] Boockmann, Falkenberg, S. 211.
[257] Vgl. Nowak, Zenon Hubert: Internationale Schiedsprozesse als Werkzeug der Politik König Sigismunds in Ostmittel- und Nordeuropa 1411-1425, in: Blätter für deutsche Landesgeschichte 111 (1975), S. 184.
[258] Vgl. Boockmann, Falkenberg, S. 211.

te. Auch die Aussicht, den neugewählten Papst als Schiedsrichter einzusetzen, spielte bei dieser Entscheidung eine gewichtige Rolle.[259]

Nachdem am 14. Mai 1417 unter dem Druck einiger deutscher Fürsten der Strasburger Waffenstillstand abermals verlängert werden konnte[260], entschloss sich die Ordensgesandtschaft Ende Juli offiziell, den Römischen König als Schiedsrichter durch „*naciones unde ... concilium*"[261] zu ersetzen. Das Vorgehen der Ordensdelegation zielte darauf ab, sich dem Urteil Sigmunds zu entziehen und sich dem Urteil von Konzil und Papst zu unterwerfen, die im Laufe der Zeit an politischem Gewicht gewinnen würden. Nach der Wahl Papst Martins V. am 11. November 1417, der bereits als Kardinal dem Orden stets gewogen gewesen war[262], wollte man diesem das weitere Prozedere überlassen. Um sich seiner Gunst zu versichern, überreichte man dem neuen Papst großzügige Geschenke.[263] Die polnischen Gesandten setzten ob der guten Beziehungen des Römischen Königs zu Polen-Litauen weiterhin auf Sigmund als Schiedsrichter. Da dieser nichts gegen eine gemeinsame Schlichtung mit Papst Martin V. einzuwenden hatte, waren nun der Römische König und der Papst gleichberechtigte Schiedsrichter in dem preußisch-polnischen Konflikt. Dem Papst gelang es schließlich auf Betreiben des Ordens mit seiner ganzen Autorität, alle Kampfhandlungen zu unterbinden[264] und am 26. April 1418 gemeinsam mit dem Römischen König den Waffenstillstand um ein weiteres Jahr zu verlängern.[265]

Die polnische Delegation rechnete nun nicht mehr mit einem für die polnische Seite günstigen Schiedsspruch. Diese Einschätzung der Lage war „realistisch"[266], denn nach der Wahl Martins V. war die Konstellation, die eine Aufhebung der Privilegien des Deutschen Ordens erreichen konnte, offensichtlich nicht mehr gegeben.[267] Die Restauration des Papsttums hatte den in große Bedrängnis geratenden Orden aus seiner prekären Lage befreit, die Beilegung des Konflikts schien so offen wie vor dem Konzil, was auch die nachsichtige Haltung des Papstes in der causa Falkenberg belegt.

Den moralischen Sieg in der Anklage vor dem Konzil hatte ohne Zweifel die polnische Delegation davongetragen, einen konkreten Nutzen konnte sie daraus aber nicht ziehen. Diese Erfahrung war äußerst bitter, denn auch auf theologisch-rechtlicher Ebene konnte kein Erfolg

---

[259] Vgl. ebenda, S. 211.

[260] Vgl. Weise, Staatsverträge, Bd. 1, Nr. 122, S. 120.

[261] Boockmann, Falkenberg, S. 212.

[262] Der Generalprokurator berichtet an seinen Hochmeister am Tage der Wahl, dass der neue Papst stets „*des ordnes grosser gunner*" gewesen sei. Vgl. hierzu Berichte an die Generalprokuratoren, Bd. 2, Nr. 226, S. 439-440, hier S. 439.

[263] Vgl. ebenda, Nr. 210-211, S. 413-417.

[264] Hoensch, Sigismund, der Deutsche Orden und Polen-Litauen, S. 22.

[265] Vgl. Weise, Staatsverträge, Bd. 1, Nr. 129, S. 127f.

[266] Boockmann, Falkenberg, S. 213.

[267] Vgl. ebenda, S. 213.

gegen den Deutschen Orden erzielt werden. Auch die direkten Verhandlungen in Wielun im Oktober 1418 führten zu keiner Annäherung. Die Polen verlangten nun wegen der verworrenen Situation eine Entscheidung des Römischen Königs, die Ordensdelegierten votierten ihrerseits für einen Schiedsspruch des Papstes.[268] Eine Einigung war nicht in Sicht.

---

[268] Vgl. Hoensch, Sigismund, der Deutsche Orden und Polen-Litauen, S. 22.

5 Die Entwicklungen bis zum Frieden von Melnosee (1422)

Die Jahre nach dem Konzil von Konstanz waren von einem Abklingen der propagandistischen Aktivitäten beider Konfliktparteien gekennzeichnet. Die jeweiligen Positionen waren bis dato hinreichend dargelegt worden, Neues war diesen offensichtlich nicht mehr hinzuzufügen.

Dem Hochmeister Michael Küchmeister gelang es durch monatelanges Taktieren, einen potentiell für den Orden nachteiligen Schiedsspruch Sigmunds zu verhindern, worüber dieser äußerst verärgert war. Auch einer vom Papst angeregten einvernehmlichen Lösung des Konflikts mit dem polnischen König und dem litauischen Großfürsten war der Hochmeister ausgewichen. Schließlich initiierte Sigmund Anfang Mai 1419 ein Treffen in Kaschau, bei dem der polnische König und der Hochmeister in direktem Kontakt einen Ausgleich erreichen sollten. Doch der Hochmeister ließ Sigmund und Władysław warten, bevor er eine Delegation schickte, die nicht einmal mit hinreichenden Vollmachten ausgestattet war. [269] Diese lehnte Sigmund schließlich als Schiedsrichter mit der Begründung ab, dass sie Zweifel an dessen Unvoreingenommenheit habe. Dem Römischen König platzte darauf der Kragen und er drohte sogar, den polnischen König bei einem Feldzug gegen den Deutschen Orden militärisch zu unterstützen. [270]

Das Verhältnis zwischen dem Deutschen Orden und dem Römischen König war an einem Tiefpunkt angelangt. Sigmund empfand den Orden als undankbar[271] und schrieb kurz vor dem Auslaufen des Beifriedens an einige Fürsten, dass er sich mit Polen verbinden werde und verbot diesen, dem Orden zu helfen. [272] Erst das Eingreifen des Papstes brachte beide Konfliktparteien wieder an den Verhandlungstisch. Dieser drängte sie, den Strasburger Waffenstillstand um ein weiteres Jahr zu verlängern und sich dem Schiedsgericht des Römischen Königs zu unterwerfen. [273]

Am 16. August 1419 starb König Wenzel, ein Vorfall, welcher großen Einfluss auf den Schiedsspruch haben sollte. Denn um die böhmische Krone zu erlangen, war Sigmund auf die Unterstützung der deutschen Reichsfürsten angewiesen, die traditionell an der Seite des Deutschen Ordens standen. Der am 29. September angekündigte Schiedsspruch wurde auf den 6. Januar 1420 nach Breslau verlegt, wo Sigmund einen Reichstag abhalten wollte. Hochrangige Persönlichkeiten beider Parteien waren an diesem Tage in Breslau anwesend. Der endgültige

---

[269] Vgl. Hoensch, Sigismund, der Deutsche Orden und Polen-Litauen, S. 23.

[270] Vgl. Voigt, Johannes: Geschichte Preußens. Von den ältesten Zeiten bis zum Untergange der Herrschaft des Deutschen Ordens, Bd. 7: Die Zeit von Hochmeister Ulrich von Jungingen 1407 bis zum Tode des Hochmeisters Paul von Rußdorf 1441, Königsberg 1836, S. 349f.

[271] Vgl. Voigt, Geschichte Preußens, S. 334.

[272] Vgl. Voigt, Geschichte Preußens, S. 350.

[273] Vgl. Hoensch, Sigismund, der Deutsche Orden und Polen-Litauen, S. 24.

Schiedsspruch war für alle Beteiligten eine Überraschung: Der Thorner Frieden von 1411 wurde bestätigt und als rechtsgültig anerkannt. Alle polnischen Gebietsforderungen wurden zurückgewiesen und Samaiten nur mittelfristig vom Orden abgetreten. Die polnische Diplomatie hatte die Auffassung vertreten, dass der Krieg von 1414 und der immer wieder verlängerte Waffenstillstand von Strasburg den Thorner Frieden annulliert hätten. Sie war stets darauf fixiert, die Anerkennung des päpstlichen Urteils aus dem Jahr 1339 zu erreichen, d.h. die Zusage Pommerellens, des Kulmerlandes und des Michelauer Gebiets. Nicht einmal dieses Minimalziel konnte erreicht werden.[274]

Sigmund hatte mit seinem Schiedsspruch alle Gebietsforderungen Polens abgewiesen. Er trug mit diesem Urteil den rechtlichen Umständen Rechnung, denn für Gebietsforderungen fehlte „in der Tat jede Rechtsgrundlage, so daß dem König und seinen Räten unterstellt werden darf, vor allem ihrem Gerechtigkeitssinn gefolgt zu sein."[275] Mindestens ebenso wichtig war aber seine Beziehung zu den deutschen Reichsfürsten, die mit dem Deutschen Ordens sympathisierten und deren Unterstützung sich Sigmund im sich abzeichnenden Kampf um Böhmen versichern wollte.

Das Urteil wurde von der polnischen Delegation mit Entsetzen aufgenommen. Mit einem solch einseitigen und drastischen Urteil hatte niemand gerechnet. Bereits am 10. Januar forderten die Polen den Papst auf, das Urteil zurückzuweisen. Der Römische König zeigte sich verwundert über das polnische Bestreben und kommentierte die Aktion mit folgenden Worten: „Die päpstlichen Legaten seien schließlich in Breslau anwesend gewesen, und gerade deshalb müsse sich Martin V. in seiner Ehre gekränkt fühlen."[276] Sigmund versuchte den Papst zu überzeugen, „im Interesse der Friedenssicherung sein Urteil mit apostolischer Autorität zu bestätigen."[277] Schließlich hatten sich die Polen im Schiedsvertrag dazu verpflichtet, dass sie es unterlassen würden, „*recurrere ad arbitrium boni viri, au tea [sententia] patere revocari vel moderari*"[278] Für eine Änderung des Schiedsspruchs war die Bestätigung des Gegenpartei nötig, doch der Orden lehnte diese selbstverständlich ab.[279]

Martin V. aber nahm die ihm von den Polen zugetragene Rolle als höchster Schiedsrichter ernst und kündigte eine Entscheidung bis Weihnachten an. Vorausgegangen war eine erfolgreiche Vermittlung der Kurie, die den Strasburger Waffenstillstand zum fünften Mal um ein

---

[274] Vgl. Nowak, Internationale Schiedsprozesse, S. 184f.
[275] Hoensch, Sigismund, der Deutsche Orden und Polen-Litauen, S. 25.
[276] Nöbel, Küchmeister, S. 113.
[277] Hoensch, Sigismund, der Deutsche Orden und Polen-Litauen, S. 24.
[278] Nowak, Internationale Schiedsprozesse, S. 185.
[279] Die hier relevante Regel des Schiedsprozesses lautet folgendermaßen: „*Arbiter non potest suam sententiam corrigere nec mutare nisi sit specialiter a partibus commissum.*" Vgl. hierzu Nowak, Internationale Schiedsprozesse, S. 185.

weiters Jahr verlängert hatte. Sigmund war durch das polnische Vorgehen brüskiert, schließlich hatte er den preußisch-polnischen Konflikt kraft seiner Autorität für beendet erklärt.[280]

Erst im Frühjahr 1421 erklärte der Papst, zwar einen Frieden herbeiführen zu wollen, aber die energischen Einsprüche Sigmunds und vor allem der deutschen Reichsfürsten hatten dahingehend Erfolg, dass Martin V. nun nicht mehr als Schiedsrichter auftreten wollte. Schließlich schlug er dem Hochmeister vor, Pommerellen abzutreten, doch dieser wies den Vorschlag entschieden zurück und die Polen erkannten, dass sie ihre Forderungen auch nicht durch päpstliches Eingreifen erreichen konnten.[281]

Kurz darauf schloss Władysław mit Brandenburg ein Bündnis, welches auf den Erwerb der Neumark zielte. Witold pflegte enge Kontakte zu den gemäßigten Hussiten, eine Verbindung, die Sigmund missfallen musste. Schließlich wurde unter der Vermittlung des brandenburgischen Kurfürsten der Waffenstillstand bis zum 13. Juli 1422 verlängert.[282] Die Verlängerung bedeutete für den Deutschen Orden „Rettung in höchster Gefahr"[283]. Küchmeister kommentierte die Verlängerung mit den Worten, dass er diese annehme, obwohl der Orden sich seit dem Schiedsspruch zu Breslau in festem Frieden mit Polen befinde. Die Politik des Hochmeisters im Frühjahr 1421 war jedoch aufs Ganze gesehen von „Kopflosigkeit und Nervosität"[284] gekennzeichnet.

Küchmeister war in einer deprimierenden Situation. Witold hatte seine Probleme im Osten überwunden und konnte sich nun wieder mit ganzer Kraft dem Orden zuwenden. Dessen engster Verbündeter, der Römische König, war im Hussitenkrieg gebunden. Auch von päpstlicher Seite war keine Parteinahme zu erwarten. Dieser hatte seinen Gesandten Antonius Zeno ins Ordensland geschickt, um vor Ort Einfluss auf die Geschehnisse nehmen zu können. Sigmund protestierte mit der Begründung, dass Entscheidungen in Reichsangelegenheiten allein dem Römischen König oblägen, doch diese Intervention brachte nicht den gewünschten Erfolg.[285]

Der von Zeno angestrebte friedliche Vergleich scheiterte schließlich an der fehlenden Kompromissbereitschaft auf beiden Seiten. Am Ende der Verhandlungen ließen die Polen ganz offen ihre Kriegsbereitschaft erkennen und auch der neugewählte Hochmeister Paul von Rusdorf stellte am Ende der gescheiterten Tagung ernüchtert fest, *„das wir kriges nicht mogen*

---

[280] Vgl. Lückerath, Carl August: Paul von Rusdorf. Hochmeister des Deutschen Ordens 1422-1441 (= Quellen und Studien zur Geschichte des Deutschen Ordens, 15), Bad Godesberg 1969, S. 23.

[281] Vgl. Nöbel, Küchmeister, S. 114 und Lückerath, Rusdorf, S. 23.

[282] Vgl. Weise, Staatsverträge, Bd. 1, Nr. 147-150, S. 146-149.

[283] Nöbel, Küchmeister, S. 114.

[284] Ebenda, S. 114,

[285] Vgl. Lückerath, Rusdorf, S. 24.

seyn obirhoben und mussen wartende seyn alle tage ihres bosen willens und forchten, das sie sente Margarethen tage nicht weiter weriden."[286]

Nachdem es im Sommer auf beiden Seiten zu Kriegsvorbereitungen gekommen war – der Deutsche Orden entschied sich für eine defensive, Polen-Litauen für eine offensive Kriegsführung –, hatte sich Władysław in einem Schreiben an die Untertanen des Ordens gewandt, um sein Handeln zu rechtfertigen. Darin beschuldigt er den Deutschen Orden, dass alle Feindschaft und Zwietracht von diesem ausginge und bat die preußischen Stände, ihm gegen den Angriffswillen der Kreuzritter beizustehen.[287] Doch Rusdorf gelang es durch seine „verständnisbereite Diplomatie"[288], bei seinen Untertanen Rückhalt zu gewinnen.

Als nach dem Auslaufen des Beifriedens die polnisch-litauischen Truppen im Juli 1422 in das Ordensland einmarschierten, war Sigmund aufgrund des Hussitenkrieges in Böhmen an einem Eingreifen zugunsten des Ordens gehindert. Immerhin rief er die Reichsstände zu Hilfeleistung auf und ermächtigte den Kurfürsten von Brandenburg, einen Frieden zu vermitteln. Die Niederlage des Deutschen Ordens konnte aber auch dadurch nicht verhindert werden. Bereits am 18. September ist der Friedenswille des Hochmeisters in einem Schreiben an den Meister in Livland deutlich zu erkennen: „*Ir dirkennet ummer selber unsern gedrank, schaden, koste, zerunge und vorschuldunge. Habt, lieber her gebitiger, meteleidunge mit uns und gedenkt uns besundern der Christenheit hulflich und reetlich sein, wie wir desse bekommernisse zu eim guten ende brengen mogen.*"[289]

Zu dieser Einsicht hatte die „Opposition der eigenen Untertanen"[290] beigetragen, die einen breiten Rückhalt besaß. Aus dem Reich war ebenfalls keine Hilfe zu erwarten. Am 27. September unterzeichnete der Hochmeister schließlich den Frieden von Melnosee[291], der den Thorner Frieden von 1411 und die beiden Schiedssprüche Sigmunds von 1412 und 1420 aufhob sowie die Abtretung Samaitens und Grenzkorrekturen vorsah. Die Stände wurden als Garanten des Friedens festgeschrieben, was insbesondere den Machtzuwachs der preußischen Stände dokumentierte. Der Frieden war ein Kompromissfrieden, mit dem beide Seiten mehr oder weniger zufrieden sein konnten, denn er spiegelte den „Stand der tatsächlichen Machtverhältnisse im Nordosten Mitteleuropas"[292] wider. Der Deutsche Orden musste den Plan ei-

---

[286] Ebenda, S. 30.
[287] Vgl. ebenda, S. 34.
[288] Ebenda, S. 35.
[289] Ekdahl, Sven: Krieg zwischen dem Deutschen Orden und Polen-Litauen im Jahr 1422, in: Zeitschrift für Ostforschung 13 (1964), S. 651.
[290] Biskup/Labuda, Die Geschichte des Deutschen Ordens in Preußen, S. 405.
[291] In dem Frieden von Melnosee wurde u.a. der Rücktausch der Vertragsurkunden von Sallinwerder vereinbart und dessen Vertragsbestimmungen offiziell für nichtig erklärt. Vgl. hierzu Weise, Staatsverträge, Nr. 152-156, S. 150-167.
[292] Lückerath, Rusdorf, S. 47.

nes vereinigten preußisch-livländischen Ordensstaates aufgeben. Dies ist ein Ergebnis, welches die Schwächung des Ordens im Ostseeraum verdeutlicht.[293] Der Frieden wurde allerdings ohne Wissen Sigmunds geschlossen, was diesen sehr verärgerte, denn der Orden stand ihm nun nicht mehr als politisches und militärisches Druckmittel zur Verfügung, um seine eigenen Ziele zu erreichen. Für den Orden aber versprach der Friedensschluss eine mehrjährige Ruhephase, die ihm Zeit gab, sich zu konsolidieren.[294]

---

[293] Vgl. Biskup/Labuda, Die Geschichte des Deutschen Ordens in Preußen, S. 405.
[294] Vgl. Hoensch, Sigismund, der Deutsche Orden und Polen-Litauen, S. 27.

6   Schluss

Der Konflikt zwischen dem Deutschen Orden und Polen-Litauen wurde fast 40 Jahre lang von beiden Seiten mit großem Einsatz geführt. Er entwickelte sich von einer diplomatischen Auseinandersetzung zu einem Propagandakrieg. Militärische Aufeinandertreffen blieben die Ausnahme, dennoch hatte die Schlacht bei Tannenberg im Jahr 1410 großen Einfluss auf die propagandistischen Aktivitäten beider Lager. Es ist deutlich geworden, dass die Polemik einer Entwicklung unterlag, die sowohl der Anpassung auf die feindliche Propaganda als auch den politischen bzw. diplomatischen Erfolgen der gegnerischen Partei geschuldet war. Im Folgenden sollen die wichtigsten Stationen des Propagandakrieges skizziert werden.

Der grundsätzliche Gegensatz beider Herrschaften ist auf die diametral entgegengesetzten Interessen des Deutschen Ordens auf der einen und Polen-Litauens auf der anderen Seite zurückzuführen. Der Ordensstaat sah durch den Übertritt Litauens zum Christentum seine Existenzberechtigung im Baltikum in Frage gestellt. Der polnische König schickte sich an, verlorengegangene Gebiete der polnischen Krone zurückzugewinnen, was deutlich zeigt, dass die Gründung der polnisch-litauischen Union neben der von beiden Ländern angestrebten territorialen Expansion auch als Reaktion auf die Bedrohung durch den Deutschen Orden gedeutet werden muss.

Die Argumentationslinie des Deutschen Ordens in diesem sich anbahnenden Konflikt war zu Beginn noch wenig komplex und in keiner Weise theoretisch fundiert. Der Hochmeister spielte auf Zeit und bestritt sowohl die Taufe Jagiełłos als auch den Übertritt der Heiden zum Christentum, womit er die Fortsetzung des Heidenkampfes rechtfertigte. Auf politischem Wege unternahm der Orden alles Erdenkliche, um die Union wieder zu spalten. Zusätzlich versuchte er, durch eine antipolnische Kampagne einer Akzeptanz der Union an den Fürstenhöfen Europas entgegenwirken. Die Propaganda des Ordens war äußerst erfolgreich und zwang die polnische Diplomatie, ihrerseits gegen die Anschuldigungen des Ordens vorzugehen und diese zu entkräften. Immer wieder gelang des dem Deutschen Orden, die Union durch Bündnisse mit Witold zu destabilisieren, doch auch dem polnischen König gelang es wiederholt, seinen Vetter durch Zugeständnisse auf seine Seite zu ziehen. Jahrelange propagandistische Aktionen beider Konfliktparteien vor dem Römischen König, den deutschen Reichsfürsten und dem Papst brachten letztlich für keine Seite einen entscheidenden Vorteil. Eine Weiterentwicklung der Propaganda blieb in dieser Phase aus, die Intensität nahm jedoch deutlich zu. Es wurde ein Propagandakrieg geführt, wie es ihn nie zuvor gegeben hatte. Die Kanzleien auf der Marienburg und in Krakau verfassten ein Ausschreiben nach dem anderen.

Letztlich versuchten sich sowohl der Deutsche Orden als auch Polen-Litauen auf eine militärische Auseinandersetzung des Konflikts vorzubereiten, indem sie sich von hochrangigen weltlichen und geistlichen Vertretern die Rechtmäßigkeit ihres Handelns bescheinigen lassen wollten, um Söldner anwerben zu können, die großen Wert darauf legten, für eine gerechte Sache zu kämpfen.

Der Propagandakrieg mündete schließlich im Jahr 1410 in der Schlacht bei Tannenberg. Da diese trotz der vernichtenden Niederlage des Ordensheeres zu keiner endgültigen Entscheidung in dem jahrelangen Konflikt führte, wurde der Propagandakrieg unvermindert fortgesetzt, nun allerdings in einer deutlichen Erweiterung des propagandistischen Repertoires beider Konfliktparteien. Denn die Schlacht hatte den Nimbus des Ordensheeres ausgelöscht und auch in Westeuropa setzte sich zunehmend die Auffassung durch, dass die Heidenkriege im Baltikum der Vergangenheit angehörten. Der Orden aber sah all seine Mahnungen und Warnungen bestätigt und warf dem polnischen König vor, gemeinsam mit Heiden gekämpft zu haben, weshalb er den Krieg Władysławs als einen *bellum iniustum* verurteilte. Des Weiteren stellte die Ordenspropaganda den polnischen König aufgrund seines Verhaltens vor der Schlacht als Rechtsverweigerer dar.

Die polnische Propaganda wurde ihrerseits um das Superbia-Motiv erweitert, welches sich auf die Übergabe der zwei Schwerter unmittelbar vor der Schlacht bezog. Der Orden wurde als Kriegstreiber dargestellt, der polnische König als sanftmütiger und tiefgläubiger Herrscher. Als Reaktion auf die Anschuldigungen des Ordens rechtfertigte die polnische Kanzlei den Vorwurf des Heidenbündnisses mit der Begründung, dass es sich um Heiden handelte, die dem König untertan seien. Władysław wurde als *rex iustus* und *rex pacificus* gelobt. Die polnische Propaganda war äußerst erfolgreich. Dies zeigt u.a. auch der Erfolg der Gesandtschaft um Andreas Lascari. Sie erreichte, dass der Papst dem Krieg des polnischen Königs den Rang eines *bellum iustum* verlieh, was die Ordenspropaganda beträchtlich schädigte.

Der Deutsche Orden reagierte auf die neue Situation damit, dass er den polnischen König als Verteidiger des Heidentums darstellte und diesem besonders negative Charakterzüge zuschrieb. Diese wurden mit der Vernichtung der Stadt Gilgenburg untermauert, die erstmals in der Ordenspropaganda auftauchte. Die Reaktion der Ordenspropaganda war insofern erfolgreich, als dass sich die Fürsten Westeuropas auf die Seite des Deutschen Ordens stellten und den polnischen König erfolgreich davon abhielten, die militärische Auseinandersetzung wieder aufzunehmen.

Erst veränderte politische Konstellationen bewirkten, dass sich sowohl der Hochmeister als auch der polnische König bereit erklärten, den Konflikt durch einen Schiedsspruch König

Sigmunds endgültig entscheiden zu lassen. Nach der Verkündigung des Schiedsspruchs delegierte Sigmund strittige Grenzfragen an Benedict von Macra, unter dessen Vorsitz diese geklärt werden sollten. Die Polen führten die Verhandlungen weitgehend nach den Prinzipien des kanonischen Prozesses und begründeten ihre Ansprüche mit kanonischen Argumenten. Erstmals schufen die Polen eine Argumentationsgrundlage, die über die strittigen Einzelfälle hinausging und die grundlegenden Prinzipien des Ordensstaates in Frage stellte. Den Privilegien des Ordens begegneten sie mit der Begründung, dass diese unter Vorspiegelung falscher Tatsachen ausgestellt worden seien. Die Ordensvertreter waren nicht in der Lage, auf dem gleichen Niveau zu argumentieren wie die gut ausgebildeten polnischen Vertreter. Um ein negatives Urteil für den Orden zu verhindern, ließen sie die Verhandlungen scheitern. Die Argumentation hatte zumindest auf polnischer Seite eine theoretisch-rechtliche Ebene erreicht, von der aus die Ansprüche des Ordens bekämpft und die Ordensritter aus Preußen und Livland vertrieben werden konnten.

Genau dieses Ziel versuchten die Polen auf dem Konzil von Konstanz anzustreben. Während der Abwesenheit des Römischen Königs gelang es den Polen, eine Anhörung vor der Konzilskongregation zu erreichen. In dieser wurde auf die seit 1412 vorherrschende propagandistische Linie zurückgegriffen. Diese rechtfertigte in erster Linie die rechtmäßige Verwendung von heidnischen Untertanen im Krieg. Die Anklage Paulus Wladimiris' wiederholte diese Argumentation und ergänzte sie durch das grundsätzliche Infragestellen der kaiserlichen Privilegien, die seit den Verhandlungen unter Benedict von Macra bekannt waren und hinreichend studiert worden waren. Der angestoßene Lehrmeinungsstreit über die Rechte von Heiden sollte die Position Polens stärken, doch die Berufung auf die *lex naturalis* des Thomas von Aquin war kaum konsensfähig.

Die Verteidigung des Deutschen Ordens, die beispielhaft in der Gegenschrift Johannes Falkenbergs dargestellt worden ist, zielte auf die Rechtmäßigkeit der Privilegien und der Stiftungsaufgabe des Ordensstaates ab. Dabei bezog sich Falkenberg auf die vorherrschende Lehrmeinung des heiligen Augustinus, der den Heiden jegliche Rechte absprach. Folglich erklärte er den Krieg des Deutschen Ordens zu einem *bellum iustum*, den Krieg des polnischen Königs zu einem *bellum iniustum*. In weiteren Ausführungen stellte Falkenberg die Verbindung zu der seit Ende 1410 vorherrschenden Propaganda des Ordens her, wie beispielsweise dem Vorwurf, dass der polnische König die Krone nur durch Täuschung erlangt habe und dass der Angriff auf den Deutschen Orden ein Angriff auf die Kirche gewesen sei. Die Anstellung von gut ausgebildeten Auftragsschreibern war ein großer Erfolg. Dem Orden gelang es, seine Argumentation auf eine theologisch-juristische Basis zu setzen und sich dieser zu bedienen.

Die Entwicklung der Propaganda beider Konfliktpartien hatte auf dem Konzil ihren Höhepunkt erreicht. Zwei Argumentationslinien standen sich gegenüber, eine Entscheidung konnten aber auch sie nicht herbeiführen. Das Schiedsgericht wurde fortgesetzt und nicht die besseren Argumente des Ordens ließen Sigmund im Schiedsspruch zu Breslau 1420 den Frieden von Thorn bestätigen, sondern maßgeblich seine eigenen Interessen in Böhmen. Die propagandistischen Aktivitäten um die Gunst des Römischen Königs und des Papstes waren in dieser Situation bedeutungslos. Die traditionell engen Verbindungen der deutschen Reichsfürsten zum Deutschen Orden hatten in dieser Situation den Ausschlag gegeben.

Die Propaganda auf beiden Seiten ließ deutlich nach, die Suche nach Bündnispartnern bestimmte nun die Politik beider Staaten. Weitere außenpolitische Veränderungen führten schließlich zu einer Stärkung der polnisch-litauischen Position, sodass Władysław und Witold im Sommer 1422 in einer militärischen Aktion Grenzkorrekturen und die endgültige Abtretung Samaitens durch den Deutschen Orden erzwingen konnten.

Dem Deutschen Orden war es durch seine in Bezug auf die polnisch-litauische Union aggressive Politik bis ins Jahr 1422 gelungen, einen größeren Machtverlust oder gar seine Versetzung zu verhindern. Weder die Kurie noch die Römischen Könige waren gewillt, über einen längeren Zeitraum eindeutig Position zugunsten einer Konfliktpartei zu beziehen. Aus dieser Perspektive hat der Propagandakrieg maßgeblich dazu beigetragen, dass der Deutsche Orden seine im Baltikum in Frage gestellte Existenzberechtigung über viele Jahre hinweg erfolgreich verteidigen konnte. Eine Schlüsselrolle kam dabei den deutschen Reichsfürsten zu, die als beständig für die Interessen des Deutschen Ordens eingetreten waren.

Erst ein Blick in die Zukunft offenbart, welch große Bedeutung dem jahrelangen Konflikt zwischen Polen-Litauen und dem Deutschen Orden beigemessen werden muss. Denn bereits im Jahre 1466 legte der Zweite Thorner Frieden einen neuen Status quo fest. Er sah so einschneidende Veränderungen vor, wie sie der Deutsche Orden in seiner Geschichte in Preußen nie zuvor erfahren hatte.[295] Diese nachhaltige Schwächung des Ordensstaates war durch vielschichtige Entwicklungen bedingt, die unmittelbar aus der fast vierzigjährigen Auseinander-

---

[295] Der Deutsche Orden musste u.a. das am besten entwickelte Gebiet Westpreußen mit den größten Städten sowie das Bistum Ermland an Polen abtreten, für das verbliebene Ordensland musste er die Oberhoheit des polnischen Königs anerkennen und diesem im Kriegsfall militärische Unterstützung leisten sowie 50 % der Ordensmitglieder künftig mit Polen besetzen. Vgl. hierzu Die Staatsverträge des Deutschen Ordens in Preußen im 15. Jahrhundert, Zweiter Band, 1438-1476, hrsg. im Auftrage der historischen Kommission für ost- und westpreußische Landesforschung v. Erich Weise, Marburg 1955, Nr. 403, S. 262-288.

setzung mit der polnisch-litauischen Union resultierten, wie z.B. das Ausbleibenden der Preu-
ßenreisenden und die Entwicklung hin zu Söldnerheeren, die nicht nur den Charakter des Ordensheeres veränderte, sondern darüber hinaus auch sehr kostspielig war. Die aus der Niederlage bei Tannenberg im Jahre 1410 resultierende akute Finanzschwäche führte schließlich zu
einer allgemeinen Steuererhebung, die den Ausgangspunkt für den politischen Einfluss der
preußischen Stände markierte.

Mehrere Ursachen führten in der Folge zu einem wachsenden Selbstbewusstsein der preußischen Stände. Ein Grund war der wirtschaftliche Erfolg der Städte, die den Deutschen Orden
zunehmend als ein Hindernis für ihren Handel betrachteten. Außerdem fühlten sie sich im
Zuge der Entwicklungen im frühen 15. Jahrhundert nicht mehr hinreichend durch die als lan-
desfremd empfundenen Landesherrn geschützt. Dies führte zu dem Bestreben, nun selbst an
politischem Einfluss zu gewinnen, eine grenzüberschreitende Entwicklung im späten Mittelalter, der die traditionellen Strukturen des Ordensstaates entgegenstanden.[296]

Dass sich die preußischen Stände zu einem politischer Machtfaktor entwickelt hatten, wurde
u.a. im Frieden von Melnosee deutlich, denn dieser wurde nicht nur vom Deutschen Orden
und dem König von Polen sowie dem Großfürsten von Litauen geschlossen, sondern bezog
auch ausdrücklich die Stände beider Kontrahenten mit ein. Diesen wurde das Recht zugesprochen, sich von ihrem Landesherrn loszusagen, sollten diese gegen die Bestimmungen des
Friedensvertrages verstoßen. Damit hatte der Orden die Stände „indirekt als Teilhaber der
Herrschaft anerkannt.“[297]

Im Konflikt mit der polnischen Krone war der Einfluss der preußischen Stände schließlich so
bedeutend geworden, dass diese auch in den folgenden Jahren erfolgreich verhindern konnten,
dass sich die Ordensführung in eine weitere Auseinandersetzung mit Polen-Litauen verwi-
ckeln ließ. Der Konflikt mit der polnisch-litauischen Union geriet nun zunehmend in den Hintergrund, denn der Orden sah sich primär Konflikten mit den innerstaatlichen Rivalen um die
Macht ausgesetzt. Erst durch ein Bündnis mit den preußischen Ständen gelang es dem polnischen König, den jahrelangen Konflikt zu seinen Gunsten zu entscheiden.

Die zahlreichen Anklagen und Vorwürfe, die Inhalt der propagandistischen Schriften waren,
hatten zu einem großen Teil dazu beigetragen, den Status quo des Deutschen Ordens erfolgreich zu verteidigen. Doch in letzter Konsequenz konnten auch sie den Niedergang des Deutschen Ordens nur hinauszögern. Die *endgültige* Entscheidung im preußisch-polnischen Konflikt wurde schließlich durch vielfältige Entwicklungen herbeigeführt, die sich erst im Zuge
des Konflikts herausgebildet hatten und von diesem lange Zeit verdeckt worden waren.

---

[296] Vgl. Sarnowsky, Der Deutsche Orden, S. 99.
[297] Boockmann, 12 Kapitel, S. 205.

7 Chronologie

1385	14. August	Das Königreich Polen und das Großfürstentum Litauen schließen sich zur Personalunion zusammen, die gemäß dem Ort des Vertragsabschlusses Union von Krewo genannt wird.
1386	17. Februar	Nach erfolgter Taufe heiratet der litauische Großfürst Jagiełło die polnische Königin Jadwiga.
1386	4. März	Krönung Jagiełłos zum polnischen König Władysław II. Jagiełło
1390	Januar	Bündnis zwischen dem Deutsche Orden und dem litauischen Fürsten Witold
1391	12. März	Konrad von Wallenrode wird zum 24. Hochmeister des Deutschen Ordens gewählt.
1392	ca. 24. Juni	Das Bündnis zwischen dem Deutschen Orden und Witold zerbricht.
1392	4. August	Im Vertrag zu Ostrow wird Witold auf Lebenszeit zum Großfürsten von Litauen ernannt.
1393	30. November	Konrad von Jungingen wird zum 25. Hochmeister des Deutschen Ordens gewählt.
1398	12. Oktober	Der Vertrag von Sallinwerder wird zwischen dem Deutschen Orden und Witold geschlossen.
1399	12. August	Witolds Heer erleidet in der Schlacht an der Worskla gegen die Tataren eine schwere Niederlage.
1395	25. Juni	Der Römische und böhmische König Wenzel schließt ein Bündnis mit Polen-Litauen.
1395	Sommer	Wenzel untersagt dem Deutschen Orden, Heerzüge gegen die Litauer und die russischen Lande zu führen.
1396	10. Oktober	Der Deutsche Orden entsendet eine Gesandtschaft zum Römischen König Wenzel.
1397	25. Juli	Eine Gesandtschaft des Deutsche Ordens stellt den Fürsten auf dem Kurfürstentag in Frankfurt die Lage des Ordens dar.
1403	23. April	Der Hochmeister Konrad von Jungingen rechtfertigt die Position des Ordens in Briefen an Karl VI. von Frankreich und zahlreichen Fürsten im Reich.
1403	9. September	Papst Bonifatius IX. untersagt dem Deutschen Orden Krieg gegen die Litauer zu führen.
1404	22./23. Mai	Der Deutsche Orden und Polen-Litauen schließen den Vertrag von Racianz.

1405- 1408		Der Deutsche Orden unterstützt die Kriege Witolds gegen die Fürstentümer Pskov und Moskau.
1407	26. Juni	Ulrich von Jungingen wird zum 26. Hochmeister des Deutschen Ordens gewählt.
1409	Sommer	Die Bewohner Samaitens erheben sich in einem allgemeinen Aufstand gegen die Ordensherrschaft.
1409	6. August	Offizielle Kriegserklärung des Deutschen Ordens an Polen-Litauen
1409	8. Oktober	König Wenzels vermittelt einen Waffenstillstand zwischen dem Hochmeister Ulrich von Jungingen und König Władysław, der am 24. Juni 1410 ausläuft.
1409	20. Dezember	Der Deutsche Orden schließt mit dem ungarischen König Sigmund ein geheimes Bündnis.
1409	30. November	König Władysław und Großfürst Witold versichern sich in Brest tatarischer Waffenhilfe.
1410	15. Februar	Der böhmische König Wenzel verkündet seinen Schiedsspruch, der eine Parteinahme für die Interessen des Deutschen Ordens darstellt.
1410	11. Mai	Die Polen bleiben Verhandlungen in Breslau fern.
1410	13. Juli	Polnische Truppen zerstören die Stadt Gilgenburg.
1410	15. Juli	Schlacht bei Tannenberg
1410	9. November	Heinrich von Plauen wird zum 27. Hochmeister des Deutschen Ordens gewählt.
1411	1. Februar	Friede von Thorn
1411	21. Juli	Der ungarische Königs Sigmund wird zum Römischen König gewählt.
1411	Herbst	Eine vom Posener Bischof Andreas Lascari angeführte Gesandtschaft erwirkt vom Gegenpapst Johannes XXIII. eine Bulle, die den Krieg Polen-Litauens zu einem *bellum iustum* erklärt.
1412	30. Januar	Der Römische König Sigmund bezeichnet in einer Erklärung an alle Reichsuntertanen den Deutschen Orden als einen *vesten schilt der ganzen cristenheit*.
1412	21. Februar	Beginn der Reise des Hauskomtur von Thorn, Georg Eglinger, zu den deutschen Fürsten
1412	15. März	Sigmund schließt mit dem polnischen König ein gegen die Türken gerichtetes Bündnis.
1412	6. April	Der Römische König bezeichnet in einem Brief an verschiedene Städte des Reiches den Orden erneut als einen *vesten schilt der cristenheite*.
1412	24. August	Sigmund verkündet in Ofen seinen Schiedsspruch, der im Wesentlichen den Thorner Frieden bestätigt.
1413	bis Sommer	Strittige Grenzfragen des Schiedsspruchs werden unter dem Vorsitz Benedicts von Macra verhandelt, bis dieser schließlich von den Ordensvertretern zurückgewiesen wird.

1413	24. Juni	Der vereinbarte Waffenstillstand läuft aus
1413	2. Oktober	In der Union von Horodło wird die Personalunion zwischen dem Königreich Polen und dem Großfürstentum Litauen erneuert.
1414	9. Januar	Michael Küchmeister wird zum 28. Hochmeister des Deutschen Ordens gewählt.
1414	18. Juli	Das polnisch-litauische Heer marschiert in Preußen ein
1414	8. Oktober	In Strasburg wird ein Waffenstillstand geschlossen. Sigmund mahnt beide Konfliktparteien, den Streit durch einen endgültigen Schiedsspruch auf dem Konzil beizulegen.
1414	5. November	Beginn des Konzils von Konstanz
1415	29. Januar	Die polnische Gesandtschaft trifft in Konstanz ein.
1415	Spätsommer	Sigmund verlässt das Konzil, das Schiedsverfahren wird unterbrochen.
1415	29. November	Eine Gruppe Samaiten trifft zusammen mit einer polnischen Gesandtschaft in Konstanz ein.
1416	13. Februar	Die Polen tragen ihre Anklage der Generalkongregation des Konzils vor.
1416	23./24. Februar	Ordensgesandte antworten vor der Generalkongregation auf die Anschuldigungen der Polen.
1416	Frühjahr	Sigmund erreicht in Paris die Verlängerung des Beifriedens.
1416	Frühjahr	Paulus Wladimiri verfasst seine Traktate, u.a. die *52 Conclusiones*, gegen den Deutschen Orden.
1416	2. Jahreshälfte	Johannes Falkenberg verfasst die gegen die Attacke Wladimiris gerichtete Auftragsarbeit *Veteres relegentes historias*.
1417	Anfang	Nachdem Falkenbergs *Satira* auf dem Konzil bekannt worden ist, strengen die Polen einen Häresieprozess gegen diesen an.
1417	14. Mai	Unter dem Druck einiger deutscher Fürsten wird der Strasburger Waffenstillstand abermals verlängert.
1417	11. November	Mit der Wahl Martin V. zum Papst endet das abendländische Schisma.
1418	26. April	Martin V. gelingt es gemeinsam mit dem Römischen König Sigmund den Waffenstillstand um ein weiteres Jahr zu verlängern.
1418	Oktober	Die direkten Verhandlungen in Wielun bringen keine Annäherung der Konfliktparteien.
1419	Mai	Der Deutsche Orden lässt die Verhandlungen in Kaschau scheitern.
1419	Juli	Der Papst drängt beide Konfliktparteien die Verhandlungen fortzusetzen, den Strasburger Waffenstillstand um ein weiteres Jahr zu verlängern und sich dem Schiedsgericht des Römischen Königs zu unterwerfen.
1419	16. August	Tod des böhmischen Königs Wenzel

1420	6. Januar	König Sigmund verkündet in Breslau seinen Schiedsspruch, der eine Parteinahme für die Interessen des Deutschen Ordens darstellt.
1421	Januar	Der polnische König schließt mit dem Kurfürsten Friedrich I. von Brandenburg ein gegen den Orden gerichtetes Bündnis.
1421	Juni	Kürfürst Friedrich I. von Brandenburg vermittelt eine Verlängerung des Waffenstillstands bis zum 13. Juli 1422.
1422	10. März	Paul von Rusdorf wird zum 28. Hochmeister des Deutschen Ordens gewählt.
1422	Ende Juli	Polnisch-litauischen Truppen marschieren ins Ordensland ein.
1422	27. September	Hochmeister Paul von Rusdorf unterzeichnet den Frieden von Melnosee.

8 Abkürzungsverzeichnis

CDP = Codex Diplomaticus Prussicus

CES XV = Codex epistolaris saeculi decimi quinti

OBA = Ordensbriefarchiv

RTA ÄR = Deutsche Reichstagsakten, Ältere Reihe

SRP = Scriptores rerum Prussicarum

9   Quellen- und Literaturverzeichnis

Quellen:

Bühler, Johannes: Ordensritter und Kirchenfürsten. Nach zeitgenössischen Quellen (= Deutsche Vergangenheit, Bd. 7), Leipzig 1927.

Codex Diplomaticus Prussicus (CDP). Urkundensammlung zur älteren Geschichte Preußens aus dem königl. Geheimen Archiv zu Königsberg nebst Regesten, Bd. 5-6, hrsg. v. Johannes Voigt, Königsberg 1857/1861, ND Osnabrück 1965.

Codex epistolaris saeculi decimi quinti (CES XV), Bd. 3, hrsg. v. Anatol Lewicki, Krakau 1894 (= Editionum collegii historici academiae litterarum cracoviensis, 52 = Monumenta medii aevi historica res gestas Poloniae illustrantia, 14).

Cronica conflictus Wladislai regis Poloniae cum cruciferis anno Christi 1410, hrsg. v. Zygmunt Celichowski, Posen 1911.

Deutsche Reichstagsakten, Ältere Reihe (RTA ÄR), Bd. 7: unter Kaiser Sigmund, Erste Abtheilung: 1410-1420, hrsg. v. Dietrich Kerler, München 1878.

Die Berichte der Generalprokuratoren des Deutschen Ordens an der Kurie, Bd. 1: Die Geschichte der Generalprokuratoren von den Anfängen bis 1403, bearb. v. Kurt Forstreuter (= Veröffentlichungen der niedersächsischen Archivverwaltung, 12), Göttingen 1961.

Die Berichte der Generalprokuratoren des Deutschen Ordens an der Kurie, Bd. 2: Peter von Wormditt (1403 - 1419), bearb. v. Hans Koeppen (= Veröffentlichungen der niedersächsischen Archivverwaltung, 13), Göttingen 1960.

Die Staatsschriften des Deutschen Ordens in Preußen. Erster Band: Die Traktate vor dem Konstanzer Konzil (1414-1418) über das Recht des Deutschen Ordens im Lande Preußen, bearb. von Erich Weise (= Veröffentlichungen der Niedersächsischen Archivverwaltung, 27), Göttingen 1970.

Die Staatsverträge des Deutschen Ordens in Preußen im 15. Jahrhundert, Erster Band, 1398-1437, hrsg. im Auftrage der historischen Kommission für ost- und westpreußische Landesforschung v. Erich Weise, Marburg ^{2}1970.

Die Staatsverträge des Deutschen Ordens in Preußen im 15. Jahrhundert, Zweiter Band, 1438-1476, hrsg. im Auftrage der historischen Kommission für ost- und westpreußische Landesforschung v. Erich Weise, Marburg 1955.

Peter von Dusburg: Chronik des Preußenlandes, übers. und erläutert von Klaus Scholz und Dieter Wojtecki (= Freiherr vom Stein-Gedächtnis-ausgabe 25), Darmstadt 1984.

Scriptores rerum Prussicarum (SRP). Die Geschichtsquellen der preußischen Vorzeit bis zum Untergange der Ordensherrschaft, hrsg. v. Theodor Hirsch, Max Toeppen, Ernst Strehlke, Bd. 3, Leipzig 1866, ND Frankfurt a. M. 1965.

Scriptores Rerum Prussicarum (SRP). Die Geschichtsquellen der preußischen Vorzeit bis zum Untergange der Ordensherrschaft, Bd. 4, hrsg. v. Theodor Hirsch, Max Toeppen, Ernst Strehlke, Leipzig 1870, ND Frankfurt a. M. 1965.

The Annales of Jan Długosz, Annales seu cronicae incliti regni Poloniae, übersetzt ins Englische von Maurice Michael, Chichester 1997.

Literatur:

Biskup, Marian & Labuda, Gerard: Die Geschichte des Deutschen Ordens in Preußen. Wirtschaft - Gesellschaft - Staat - Ideologie (Klio in Polen, 6), Osnabrück 2000.

Boockmann, Hartmut: Der Deutsche Orden. Zwölf Kapitel aus seiner Geschichte, München [4]1994.

Boockmann, Hartmut: Johannes Falkenberg, der Deutsche Orden und die polnische Politik. Untersuchungen zur politischen Theorie des späteren Mittelalters (= Veröffentlichungen des Max-Planck-Instituts für Geschichte, 45), Göttingen 1975.

Boockmann, Hartmut: Ostpreußen und Westpreußen (= Deutsche Geschichte im Osten Europas), Berlin 1992.

Brandmüller, Walter: Das Konzil von Konstanz 1414-1418, Bd. 2, Paderborn u.a. 1997.
Demurger, Alain: Die Ritter des Herrn. Geschichte der geistlichen Ritterorden, aus dem Französischen von Wolfgang Kaiser, München 2003.

Drabina, Jan: Die Religionspolitik von König Władysław Jagiełło im polnisch-litauischen Reich in den Jahren 1385-1434, in: Zeitschrift für Ostforschung 43 (1994), S. 161-173.

Ekdahl, Sven: Die Schlacht bei Tannenberg 1410. Quellenkritische Untersuchungen, Bd. 1: Einführung und Quellenlage, Berlin 1982.

Ekdahl, Sven: Krieg zwischen dem Deutschen Orden und Polen-Litauen im Jahr 1422, in: Zeitschrift für Ostforschung 13 (1964), S. 614-651.

Frenken, Ansgar: Die Erforschung des Konstanzer Konzils (1414-1418) in den letzten 100 Jahren, Paderborn 1996.

Hellmann, Manfred: Das Großfürstentum Litauen bis 1569, in: Handbuch der Geschichte Rußlands, Bd. 1, Stuttgart 1989.

Hellmann, Manfred: Über die Grundlagen und die Entstehung des Ordensstaates in Preußen, in: Nachrichten der Gießener Hochschulgesellschaft 31 (1962), S. 108-126.

Hoensch, Jörg Konrad: König/Kaiser Sigismund, der Deutsche Orden und Polen-Litauen. Stationen einer problembeladenen Beziehung, in: Zeitschrift für Ostmitteleuropa-Forschung 46 (1997), S. 1-44.

Israel, Ottokar: Das Verhältnis der Hochmeister des Deutschen Ordens zum Reich im 15. Jahrhundert (= Johann-Gottfried-Herder-Institut Marburg/L. – Wissenschaftliche Beiträge zur Geschichte und Landeskunde Ost-Mitteleuropas), Marburg 1952.

Jähnig, Bernhart: Johann von Wallenrode O.T. Erzbischof von Riga, Königlicher Rat, Deutschordensdiplomat und Bischof von Lüttich im Zeitalter des Schismas und des Konstanzer Konzils (um 1370-1419), Bonn 1970.

Kwiatkowski, Stefan: Der Deutsche Orden im Streit mit Polen-Litauen. Eine theologische Kontroverse über Krieg und Frieden auf dem Konzil von Konstanz (1414-1418) (= Beiträge zur Friedensethik, 32), Stuttgart 2000.

Łowmiański, Henryk: Anfänge und politische Rolle der Ritterorden an der Ostsee im 13. und 14. Jahrhundert, in: Udo Arnold und Marian Biskup (Hrsg.): Der Deutschordensstaat Preußen in der polnischen Geschichtsschreibung der Gegenwart, Marburg 1982.

Lückerath, Carl August: Paul von Rusdorf. Hochmeister des Deutschen Ordens 1422-1441 (= Quellen und Studien zur Geschichte des Deutschen Ordens, 15), Bad Godesberg 1969.

Nieborowski, Paul: Der Deutsche Orden und Polen in der Zeit des größten Konfliktes, Breslau 1924.

Neitmann, Klaus: Der Deutsche Orden und die Anfänge der ersten Hohenzollern in der Mark Brandenburg. Eine kommentierte Quellenedition, in: Dona Brandenburgica. Festschrift für Werner Vogel zum 60. Geburtstag (= Jahrbuch für brandenburgische Landesgeschichte 41), Berlin 1990.

Nöbel, Wilhelm: Michael Küchmeister. Hochmeister des Deutschen Ordens 1414-1422 (= Quellen und Studien zur Geschichte des Deutschen Ordens, 5), Bad Godesberg 1969.

Nowak, Zenon Hubert: Internationale Schiedsprozesse als Werkzeug der Politik König Sigismunds in Ostmittel- und Nordeuropa 1411-1425, in: Blätter für deutsche Landesgeschichte 111 (1975), S. 172-188.

Nowak, Zenon Hubert: Kaiser Siegmund und die polnische Monarchie (1387-1437), in: Zeitschrift für historische Forschung 15 (1988), S. 423-436.

Paszkiewicz, Henryk: Dzieje Polski (Geschichte Polens), Teil 2: Czasy Jagiellonow (Die Jagiellonenzeit), Warschau 1925.

Prietzel, Malte: Krieg im Mittelalter, Darmstadt 2006.

Sach, Maike: Hochmeister und Großfürst. Die Beziehungen zwischen dem Deutschen Orden in Preußen und dem Moskauer Staat um die Wende zur Neuzeit (= Quellen und Studien zur Geschichte des östlichen Europa 62), Stuttgart 2002.

Schnippel, Emil: Vom Streitplatz zum Tannenberge, in: Prussia 31 (1935), S. 5-68.

Sikorski, Dariusz: Neue Erkenntnisse über das Kruschwitzer Privileg. Studien zu Zeit, Umfeld und Kontext seines Entstehens, in: Zeitschrift für Ostmitteleuropa-Forschung 51 (2002), H. 3, S. 317-350.

Sonthofen, Wolfgang: Der Deutsche Orden. 800 Jahre Geschichte, Augsburg 1995.

Sarnowsky, Jürgen: Der Deutsche Orden, München 2007.

Vetter, Hans: Die Beziehungen Wenzels zum Deutschen Orden von 1384-1411, Halle 1912.

Voigt, Johannes: Geschichte Preußens. Von den ältesten Zeiten bis zum Untergange der Herrschaft des Deutschen Ordens, Bd. 7: Die Zeit von Hochmeister Ulrich von Jungingen 1407 bis zum Tode des Hochmeisters Paul von Rußdorf 1441, Königsberg 1836.

Zimmerling, Dieter: Der Deutsche Ritterorden, Düsseldorf 1988.

10 Anhang

Aus einem Brief des Hochmeisters an den römisch-deutschen König, die deutschen Reichsfürsten und andere Fürsten und Herren, 3. Mai 1403

Hochmeister Konrad von Jungingen rechtfertigt sich in einem offenen Brief an alle geistlichen und weltlichen Herrschaftsträger gegen die Anklagen des Königs von Polen betr. Angriffe des Ordens gegen Litauen.

Originalwortlaut von Konrad von Jungingen

[...] mit selbgedochter, unrechter beschuldigunge czihet her uns, wie wir die houptkirchen und ander kirchen yn synen landen Littouwen und Russen tylgen, vorterben und heeren, die her gebuwet hat, und wedirbuet mit grosen kosten.

Von keynen kostlichin kirchen uns nicht wissentlich ist, ap sie do synt so ist doch offenbar, das sie gleicher sien eyme armen wonhusse, denne eyner kirchen und vil ungleicher, der Russen kirchen kostlichir synt wen der Cristen.

Und ouch so ist es scheyn und offenbar, das wir und unser orden, als beschutzer und vorvechter syn gesaczt an den ort der gemeynen cristenheit wedir die ungloubigen, das wir ouch volbrengen bis yn den tot, wie fugts uns mit vorsatcze eyne sulche untat czu thun wedir unsern orden, des wir keynen fromen hetten, sunder eynen grossen vorwust von allen cristgloubigen.

Sunder her beschonet sich mit den kirchen und meynt syne lant, vestene und syen ungloubik volk.

Ouch beschuldiget her uns, das wir uns nicht frahen syner bekerunge und der synen, des wir gerne teten, forchten wir nicht die unstetikeit und bose tichtunge, uns dicke dirschrecket, von unserm gutem glouben, wir ofte czu grossen schaden komen synt mit in, und vil arges uns do von entstanden ist.

Worumbe ist es uns nicht vorkerlich, ap wir irre getichten bekerunge mynner achten und volleisten, der koning berumet sich syner vor-

Übersetzung von Johannes Bühler

[...] (Der König von Polen) verklagt uns mit selbsterdachten und ungerechten Beschuldigungen, dass wir seine Hauptkirchen und andere, die er in seinen Landen Litauen und Russland mit großen Kosten erbaut habe und wiedererbaut habe, tilgen, verderben und verheeren.

Allein von kostbaren Kirchen ist uns gar nichts bekannt, gibt es Kirchen, so gleichen sie mehr armseligen Wohnhäusern, und der Russen (Schismatiker) Kirchen sind viel kostbarer als die der Christen (Katholiken).

Wie sollte der Orden, hier Beschützer und Vorfechter der ganzen Christenheit wider die Ungläubigen – was wir auch vollbringen bis in den Tod –, eine solche Untat üben, wovon er keinerlei Frommen und bei allen Christgläubigen nur großen Unglimpf hätte?

Indessen der König beschönigt sich auch nur mit seinen Kirchen, eigentlich meint er seine Lande, seine Burgen und sein ungläubiges Volk.

Er beschuldigt uns auch, dass wir uns seiner und der Seinen Bekehrung nicht freuen, wir möchten das gerne, fürchteten wir nicht die Unstetigkeit und die bösen Erdichtungen, die uns so oft von unserem guten Glauben abgeschreckt, uns häufig zu großem Schaden gebracht haben und woraus viel Arges entstanden ist.

Fürwahr, es ist uns nicht zu verdenken, dass wir von dieser angeblichen Bekehrung zurzeit noch wenig halten. Der König rühmt sich zwar seiner neuen Christen, wir sehen nuweten cristen, die wir doch fremde sehn von der ee Cristi, wie mogen die nuwe sien des gelouben Cristi, die noch fyngerczeiget ir alder irsal und vortumet eres alden lebens.

Ouch so vorentwerte her sich, was syne meynunge gewest sy czu der toufe, und als wir uns vorsehn, so ist sie gewest me noch dem ryche czu Polen, wen noch dem gelouben. Und uns wondert, mit welcherley tochtikeit her dorczu komen ist, mit usweisunge us dem ryche eynes hochgebornen cristlichin forsten.

Ouch so ist eyne andere vorburgene sache, undir vil andern sachen, als wir uns vormuten, das her unsers ordens wache und hute vor die heilge cristenheit hyndere und undirneme, do von liechte geschen mochte, als in Krichen, Armenien und Cyperlant und vil andern landen geschen ist, die do undirtan gemacht syn den ungloubigen.
Alle der vorgesprochene sache eyne grosse bewerunge ist wedir den koning, wen noch der czeit, als her konyng wurden ist czu Polan, ist her gewest als eyn hammer der seligen ritterschaft mit wopen und wepenern, mit mancherley geczoy czu dem orloy, mit offsetzikeit, mit werkmeistern, mit platen, mit helmen, mit huben, mit panczern, geschos, und pferden den ungloubigen alleczeit gehulfen hat und hutiges tages hilfet und sterket. [...]
Worumbe uns sere missedunket an synem cristenthum, und nemlich, das her die Russen, scismaticos und ketczer heget, beschuczt und beschirmet, yn erem ungehorsam wedir die Romissche kirche und wedir die satczunge der heilgen veter, die do semeliche thun yn den ban. [...]
Und went der Heillant gibt eyn dirkentnys der guten cristen und der falschen an den fruchten, so vorentwerte sich der koning, welcherley synt die fruchte synes gloubens. Synt sie icht die, die ungloubigen und apgescheidenen von unserm glouben sterken und die cristgloubigen swechchen [...] das synt die cristen grusamlichin toten, die kirchen der cristenen lestern, die bilde der heilgen czuhouwen und offhengen, den geloubten frede czubrechen, unsers ordens bruder ane alle

sie aber noch fremd dem christlichen Glauben, denn wie können die sich schon neue Christen nennen, an denen sich der alte Irrwahn und ihr altes törichtes Leben noch jeden Tag offenbart.

Auch rühmt er sich, wie die Taufe sein eigener Wille gewesen ist; doch wie wir meinen, ging er dabei mehr auf das Reich Polen aus als auf den Glauben, und wir wundern uns noch heute, mit welcher Tüchtigkeit er dazu gekommen ist, während ein hochgeborener christlicher Fürst aus diesem Reiche ausgewiesen wurde.

Aber es liegt beim König, wie wir vermuten, noch eine andere Absicht verborgen: er will unseres Ordens Hut und Wacht vor der Christenheit hindern und es dahin bringen, wohin es bei den Kirchen Armeniens, Zyperns und vieler anderer Länder gekommen ist, dass sie den Ungläubigen untertan gemacht worden sind.
Seit er König von Polen heißt, ist er wie ein Hammer der Ritterschaft gewesen, er hat den Ungläubigen mit Waffen und Wäppnern, mit mancherlei Kriegszeug, mit Werkmeistern, mit Plattenharnischen, Helmen, Hauben und Panzern, mit Geschoss und Rossen allezeit geholfen und hilft ihnen und stärkt sie noch heutigentags. [...]

An seinem rechten Christentum haben wir auch darum noch starken Zweifel, weil er die Russen, Schismatiker und Ketzer heget und in ihrem Ungehorsam gegen die römische Kirche beschirmt, weshalb er nach den Satzungen der heiligen Väter eigentlich den Bann verdient. [...]
Wenn aber der Heiland sagt, man erkenne die wahren und falschen Christen an ihren Früchten, so verantworte sich der König, welches jene Früchte seien: sind sie etwa die, dass man die Ungläubigen und Abtrünnigen stärke und die Christen schwäche [...], dass man Christen grausam töte, christliche Kirchen lästere, Bildnisse der Heiligen zerhaue und aufhänge, den angelobten Frieden breche, die Ordensbrüder ohne jede Fehdeansage gefangen nehme, sich des Ordenslandes

entsagunge vahen, des ordens lande wedir recht sich undirwynden und vorhalden, den ungloubigen gestaten ir aptgoterye. Doran der konyng ouch sere ist czuvordenken, das alles gescheen ist yn Samayten mit hulfe und rathe Wytouts und der synen, wir geswigen der bosen cristen, die do mete gewesen synt und gemacht haben, das sie sich vortumelichir ummegetan haben, die do kurcz do vor an sich hatten genomen die toufe. Und boser kynder wurden syn des vortumenysse wen vor, und haben von in geworfen die freiheit der worheit, und an sich genomen die freiheit der sunden und unreynekeit der aptgoterye. Doran der konyng nicht ist czu entschuldigen, der die selben wedirgekarten beschuczt und befryt als vil her kan, und des unmethuns her eyne grosse sache was, mit cleynott, gelobde und gobe, und den orden also vil arges czugeczogen haben. [...]

widerrechtlich bemächtige und es zurückhalte, den Ungläubigen ihre Abgötterei gestatte, was dem König auch sehr zu verdenken ist und was alles zu Samaiten geschehen mit Hilfe und Rat Witolds und der Seinen, wir schweigen von den bösen Christen, die dabei gewesen sind und mitgemacht haben; sie, die kurz vorher die Taufe an sich genommen, sind böse Kinder der Verdammnis geworden, sie haben die Freiheit der Wahrheit abgeworfen und die Unfreiheit der Sünde und die Unreinheit der Abgötterei wieder angenommen, darin ist der König nicht zu entschuldigen, da er die Abtrünnigen beschützt und befreit, soviel er kann. Er ist die größte Ursache des Abfalls durch seine Versprechungen, Kleinode und Geschenke gewesen. [...]

Quellen

Bühler, Johannes: Ordensritter und Kirchenfürsten. Nach zeitgenössischen Quellen (= Deutsche Vergangenheit, Bd. 7), Leipzig 1927, S. 160-162.

PrUB, JS 264 (3. Mai 1403, Marienburg), abgedruckt in: Codex Diplomaticus Prussicus. Urkundensammlung zur älteren Geschichte Preußens aus dem königl. Geheimen Archiv zu Königsberg nebst Regesten, Bd. 6, hrsg. v. Johannes Voigt, Königsberg 1861, ND Osnabrück 1965, S. 155-159.

BEI GRIN MACHT SICH IHR WISSEN BEZAHLT

- Wir veröffentlichen Ihre Hausarbeit,
  Bachelor- und Masterarbeit

- Ihr eigenes eBook und Buch -
  weltweit in allen wichtigen Shops

- Verdienen Sie an jedem Verkauf

Jetzt bei www.GRIN.com hochladen
und kostenlos publizieren

Lightning Source UK Ltd.
Milton Keynes UK
UKHW010712181121
394190UK00003B/488